Slow Cooking
Gusto e Tradizione per Principianti

Paolo Gentili

Sommario

Panino facile con bistecca della domenica 10

pizza da uomo pigro 11

French toast al cioccolato con miele e banane 13

French toast che si scioglie in bocca 15

Yogurt fatto in casa con croissant 18

Farina d'avena tagliata in acciaio al mirtillo e cocco 20

Avena notturna con frutta secca 22

Pane ai semi di papavero all'arancia 23

Quiche di verdure e pancetta 25

Farina d'avena speziata con noci 28

Delizia per tutta la famiglia con prosciutto e formaggio 30

Pane di Halloween con mirtilli 32

Budino di pane con fichi secchi 34

Budino di pane alle mele speziato 36

Porridge di mele della nonna 38

Farina d'avena al cioccolato per bambini 40

Quinoa ai mirtilli e vaniglia 42

Quinoa mela arancia 44

Casseruola per colazione semplice e deliziosa 45

Hash Browns in stile ristorante 47

Farina d'avena cremosa al cocco con semi di zucca 49

Farina d'avena alla vaniglia e mandorle 51

Deliziosa colazione invernale 53

Casseruola di patatine al formaggio 55

Casseruola di pancetta del Ringraziamento 57

Frittata piccante fantastica 59

Frittata notturna occidentale 61

Spezzatino di verdure e prosciutto 63

Farina d'avena cremosa con frutti di bosco 65

Avena vegana tagliata in acciaio 67

Farina d'avena tagliata in acciaio alla zucca 69

Toast francese appetitoso 71

Casseruola per colazione Tater Tot 73

Pane al latticello morbido e delizioso 75

delizioso pane alle erbe 77

Pane con crusca e uvetta al mirtillo rosso 79

Joe hamburger sciatti 81

Granola alle noci con olio di cocco 83

Pane di mais al peperoncino alle erbe 85

Pane alla banana al gusto di caramello 87

Pane alla zucca e mandorle 89

Pane al formaggio al rosmarino 91

Sloppy Joes vegetariani 92

panini di carne di lusso 94

I migliori panini con bistecca 96

Panino al pollo al barbecue 98

Panino piccante di maiale 100

granola estiva con semi 102

Muesli semplice con datteri 104

Granola all'acero e cocco 106

panino con maiale stirato 108

panino con carne invernale 110

Panino con salsiccia soddisfacente 112

salsicce affumicate di campagna 114

Tacos di manzo che devi mangiare 116

Farina d'avena con prugne e albicocche 118

Muesli con cocco e arachidi 120

panino con cheesesteak 122

Cuccioli di birra con funghi e cipolle 124

Deliziosi panini con salsiccia e crauti 126

Casseruola Di Salsiccia Di Natale 128

Spezzatino di salsiccia durante la notte 130

Panino all'alba di maiale 132

Panino di maiale stirato con birra 134

Le mele croccanti della mamma 136

Quinoa vegetariana con spinaci 138

Quinoa semplice con formaggio e verdure 140

Frittata di cavolo riccio con salsicce 142

Deliziosa frittata del fine settimana 144

Delizia per la colazione vegetariana 146

Frittata di bacon ad alto contenuto proteico 148

Frittata con funghi e peperoncino 150

Farina d'avena con banane e noci pecan 152

Farina d'avena soddisfacente con noci 154

Frittata con pomodoro e carciofi 156

Frittata di funghi e salsiccia in casseruola 158

Avena tagliata in acciaio con torta di zucca 160

Avena tagliata in acciaio al cacao 162

Farina d'avena di zucca e noci con mirtilli 164

Farina d'avena con cacao e banane 166

Quiche prosciutto e formaggio 168

Colazione rurale con salsiccia e cavolfiore 170

Casseruola Di Salsiccia Di Broccoli 172

Salsiccia e verdure mattutine invernali 174

Uova alla fiorentina con funghi cardoncelli 176

Frittata di banane e noci 180

Deliziosa frittata speziata di zucca 182

Porridge speziato per mattine impegnative 184

Il porridge invernale della famiglia 186

Fantastica farina d'avena con mele e prugne 188

Avena notturna tropicale 190

Muffin inglesi con contorno di pomodoro 192

Grana cremosa del sud 194

Granella della nonna con parmigiano 196

Super casseruola di verdure e pancetta 198

deliziose bacche di grano 200

Cereali da colazione multicereali 201

Miscela di cereali con frutta e burro di arachidi 202

quiche di spinaci con formaggio 204

Crema di broccoli e cavolfiori 206

Zuppa di famiglia di broccoli e spinaci 208

Deliziosa crema di asparagi 210

Zuppa cremosa di patate e cavolfiore 212

crema di rape 214

Zuppa d'aglio profumata con pane 216

Zuppa di patate all'avocado 218

Zuppa di verdure con salsiccia e formaggio 219

Panino facile con bistecca della domenica

(Pronto in circa 8 ore | 6 porzioni)

ingredienti

- 1 vasetto del tuo sugo per spaghetti preferito
- 3 libbre di roast beef
- 2 foglie di alloro
- 5-6 grani di pepe
- 1 tazza di brodo di manzo
- Senape per guarnire
- sottaceti per decorare

Indirizzi

1. Metti tutti gli ingredienti nella pentola di coccio. Cuocere a fuoco basso per 8 ore.

due. Rimuovere le foglie di alloro e i grani di pepe e versare sui muffin inglesi.

3. Servire con senape e sottaceti e buon appetito!

pizza da uomo pigro

(Pronto in circa 4 ore | 4 porzioni)

ingredienti

- Patty da 1 libbra, rosolato e scolato
- Tagliatelle da 1 libbra, cotte
- 2 tazze di mozzarella, grattugiata
- 2 peperoni, affettati
- 1 cipolla tritata
- 1 cucchiaino di aglio granulato
- 1 lattina di zuppa di manzo
- 1 tazza di funghi, affettati
- 2 bicchieri di salsa per pizza
- 1/2 libbra di peperoni, affettati

Indirizzi

1. Nella pentola di coccio, alternare gli strati di ingredienti nell'ordine sopra elencato.

due. Cuocere per 4 ore a fuoco basso; servire di conseguenza.

French toast al cioccolato con miele e banane

(Pronto in circa 2 ore | 6 porzioni)

ingredienti

- 1 grande pagnotta di pane, tagliata a cubetti
- 2 tazze di latte scremato
- 1/2 cucchiaino di cardamomo
- 1/2 cucchiaino di chiodi di garofano macinati
- 1 cucchiaino di cannella in polvere
- 1 cucchiaio di estratto di nocciola
- 5 uova grandi
- 2 cucchiai colmi di crema al cioccolato, più una quantità per guarnire
- 1 cucchiaio di burro non salato
- 4 fette di banane
- 1 cucchiaio di miele

Indirizzi

1. Metti i cubetti di pane nella pentola.

due. In una grande ciotola, unisci il latte, le spezie, l'estratto di nocciole, l'uovo e la crema spalmabile al cioccolato. Sbattere bene per unire.

3. Versare questo composto sui cubetti di pane nella pentola di coccio per assicurarsi che il pane sia ben immerso.

Quattro. Coprite la pentola con un coperchio e fate cuocere a fuoco vivace per circa 2 ore.

5. Scaldare una padella e aggiungere il burro. Aggiungi le banane e il miele al burro caldo e cuoci per 3-4 minuti, girando una volta.

6. Dividete il french toast al cioccolato in sei piatti da portata, aggiungete il composto di miele e banane e gustatelo con il latte scremato!

French toast che si scioglie in bocca

(Pronto in circa 5 ore | 8 porzioni)

ingredienti

Per i cavalieri poveri:

- Pane a fette da 12 once a scelta
- 2 tazze di latte intero
- 3 uova
- 1/2 tazza di zucchero di canna
- 1 cucchiaio di estratto di mandorle
- 1/4 cucchiaino di noce moscata macinata
- 1/4 cucchiaino di pimento
- 1/4 cucchiaino di curcuma in polvere
- 1 cucchiaino di cannella in polvere
- 1 tazza di mandorle tritate grossolanamente
- 3 cucchiai di burro non salato, sciolto
- 2 fette di banane

Per la salsa:

- 1/2 tazza di zucchero di canna
- 1/2 tazza metà e metà panna
- 1/2 tazza di burro
- 2 cucchiai di sciroppo di mais
- 1 cucchiaino di estratto di mandorle

Indirizzi

1. Preriscalda il forno a 300 gradi F. Per una pentola di coccio con un rivestimento per piatti usa e getta.

due. Disporre i cubetti di pane in un unico strato su una teglia. Cuocere per circa 15 minuti o fino a quando il pane sarà dorato. Quindi, rimetti i cubetti di pane nella pentola di coccio preparata.

3. In una ciotola capiente, sbatti insieme il latte intero, le uova, lo zucchero, l'estratto di mandorle, la noce moscata, il pimento, la curcuma e la cannella. Versare questa miscela di spezie sui cubetti di pane nella pentola di coccio. Premere sui cubetti di pane con un cucchiaio per inumidirli.

Quattro. Tostare le mandorle in una piccola padella antiaderente per qualche minuto. Unisci le mandorle tostate con il burro fuso. Versare questo composto sugli ingredienti nella pentola di coccio.

5. Coprite e lasciate cuocere a fuoco lento per circa 5 ore. Togliere il rivestimento dal piatto e conservare il toast francese.

6. Preparate quindi la salsa. In una casseruola media, a fuoco medio-alto, portare a ebollizione gli ingredienti della salsa. Portare a ebollizione, abbassare la fiamma al minimo e cuocere per altri 3 minuti.

7. Puoi raffreddare la salsa preparata a temperatura ambiente o metterla in frigorifero. Versare la salsa sulle patatine fritte, guarnire con le fette di banana e buon appetito!

Yogurt fatto in casa con croissant

(Pronto in circa 8 ore | Per 16 persone)

ingredienti

- 1/2 litro di latte scremato
- 1/2 tazza di latte in polvere
- 1/4 tazza di yogurt bianco con fermenti lattici attivi, a temperatura ambiente
- 16 croissant tra cui scegliere

Indirizzi

1. Unisci il latte e il latte in polvere in una casseruola a fuoco medio. Cuocere, mescolando continuamente, finché un termometro a lettura istantanea non registra circa 180 gradi F.

due. Quindi raffreddare a temperatura ambiente.

3.In una ciotola, unisci 1 tazza della miscela di latte caldo e yogurt bianco. Sbattere fino a che liscio. Versate poi lentamente il composto di latte e yogurt nel pentolino, mescolando continuamente.

Quattro.Versare il composto preparato nei barattoli da conserve e metterli in una pentola. Versare abbastanza acqua calda nella pentola di coccio. L'acqua dovrebbe raggiungere la metà dei bordi dei bicchieri pieni.

5.Cuocere a ALTA 5 minuti. Lasciare poi agire per circa 4 ore finché il composto non sarà denso. È importante accendere la pentola a fuoco alto per 5 minuti, ogni ora.

6.Conservare lo yogurt in frigorifero per almeno 4 ore o fino a quando lo yogurt non sarà solido. Conservatela in frigo e servitela con i vostri cornetti preferiti. Godere!

Farina d'avena tagliata in acciaio al mirtillo e cocco

(Pronto in circa 6 ore | 8 porzioni)

ingredienti

- 2 tazze di avena tagliata in acciaio
- 4 tazze d'acqua
- 2 tazze di acqua di cocco
- 1/2 tazza di mandorle tritate
- 1 cucchiaio di zucchero di canna
- 1/2 cucchiaino di cannella in polvere
- 1/2 cucchiaino di sale
- 1/4 tazza di mirtilli rossi secchi
- 1/4 tazza di albicocche a fette
- Cocco grattugiato per guarnire

Indirizzi

1. Unisci l'avena, l'acqua, l'acqua di cocco, le mandorle, lo zucchero, la cannella e il sale in una casseruola. Copertina; cuocere a fuoco lento per circa 6 ore.

due. Completare ogni porzione con mirtilli, albicocche e cocco e servire caldo.

Avena notturna con frutta secca

(Pronto in circa 6 ore | 8 porzioni)

ingredienti

- 2 tazze di avena tagliata in acciaio
- 1 tazza di uvetta
- 1 tazza di ciliegie secche
- 1 tazza di fichi secchi
- 8 tazze d'acqua
- 1 tazza metà e metà

Indirizzi

1. Metti tutti gli ingredienti in una pentola.

due. Mettete la pentola sul fuoco basso e coprite con un coperchio.

3. Cuocere durante la notte o dalle 8 alle 9 ore.

Pane ai semi di papavero all'arancia

(Pronto in circa 2 ore | Per 12 persone)

ingredienti

- Olio spray antiaderente
- 1/4 tazza di semi di papavero
- 2 tazze di farina multiuso opzionale
- 1 cucchiaio di bicarbonato di sodio
- 1 cucchiaio di miele
- 3/4 tazza di zucchero di canna
- 1/2 cucchiaino di sale kosher
- 3 uova grandi
- 1/2 tazza di olio di canola
- 1/2 tazza di panna acida
- 1/4 tazza di latte intero
- 1 cucchiaino di buccia d'arancia
- 1/4 tazza di succo d'arancia fresco
- 1 cucchiaino di estratto di vaniglia

Indirizzi

1. Rivestire una pentola di coccio con spray da cucina antiaderente.

due. In una ciotola, sbatti insieme i semi di papavero, la farina e il bicarbonato di sodio e metti da parte.

3. In un'altra ciotola, unisci miele, zucchero, sale, uova, olio di colza, panna acida, latte intero, scorza d'arancia, succo d'arancia e 1 cucchiaino di estratto di vaniglia. Aggiungi questa miscela di arancia alla miscela di semi di papavero. Mescolare per unire e posizionare nella pentola di coccio preparata.

Quattro. Coprite e lasciate cuocere a fuoco vivace per circa 2 ore.

5. Raffreddare completamente prima di servire e gustare con succo d'arancia appena spremuto.

Quiche di verdure e pancetta

(Pronto in circa 5 ore | 6 porzioni)

ingredienti

- Inserto per pentola a cottura lenta usa e getta
- 4 fette di pancetta
- 1 cucchiaio di olio d'oliva
- 1 peperone rosso, tritato
- 1 peperone verde, tritato
- 2 tazze di funghi tritati
- 1 tazza di spinaci
- 1 tazza e ½ di formaggio svizzero, grattugiato
- 2 tazze di latte intero
- 8 uova grandi
- 1 cucchiaino di aglio granulato
- 1 cucchiaio di basilico fresco
- 1 cucchiaino di sale marino fino

- 1/4 cucchiaino di pepe di cayenna

- 1/4 cucchiaino di pepe nero macinato

- Miscela per torta da 1/2 tazza

Indirizzi

1. Fodera la pentola di coccio con un rivestimento monouso per pentola a cottura lenta.

due. Friggere le fette di pancetta in una padella fino a renderle croccanti; scolare e sbriciolare.

3. Nella stessa casseruola, scaldare l'olio d'oliva a fuoco medio-basso. Soffriggere peperoni e funghi finché sono teneri. Aggiungere gli spinaci e il formaggio svizzero.

Quattro. Unisci in una ciotola il latte, le uova, l'aglio granulato, il basilico, il sale, il pepe di cayenna e il pepe nero. Aggiungere questo composto al composto di funghi nella casseruola.

5. Quindi aggiungere il composto per la torta. Trasferire il composto preparato dalla pentola alla pentola di coccio. Distribuire sopra la pancetta sbriciolata.

6.Coprire con un coperchio; cuocere a fuoco basso per 5 ore. Lasciare raffreddare leggermente prima di servire, dividere nei piatti da portata e buon appetito!

Farina d'avena speziata con noci

(Pronto in circa 8 ore | 4 porzioni)

ingredienti

- 1 tazza di avena tagliata in acciaio
- 1 cucchiaio di burro
- 1/4 cucchiaino di curcuma in polvere
- 1/2 cucchiaino di pimento
- 2 cucchiai di sciroppo d'acero
- 1 tazza di fichi secchi
- 1 tazza di albicocche secche
- 2 tazze d'acqua
- 2 tazze di acqua di cocco
- 1/2 tazza metà e metà
- 1/2 cucchiaino di sale marino

Indirizzi

1. Unisci tutti gli ingredienti nella pentola di coccio.

due. Copri la pentola di coccio con un coperchio. Cuocere per 8 ore a fuoco basso o 4 ore a fuoco alto.

3. Servire con noci tritate a scelta!

Delizia per tutta la famiglia con prosciutto e formaggio

(Pronto in circa 4 ore | 6 porzioni)

ingredienti

- Olio spray antiaderente
- 1 tazza di latte intero
- 2 tazze di crema leggera
- 4 uova
- 1 peperone rosso, tritato
- 1 peperone giallo tritato
- 1 cipolla tritata finemente
- 1 cucchiaino di basilico essiccato
- 1/4 cucchiaino di curcuma in polvere
- 1 cucchiaino di timo secco, tritato finemente
- 1/2 pepe di cayenna
- 1/4 cucchiaino di pepe nero macinato

- 6 tazze di cubetti di pane tostato

- 1 tazza di prosciutto cotto, tritato

- 1/2 tazza di formaggio a pasta dura, tagliato a dadini

- 1/3 tazza di pomodori secchi

Indirizzi

1. Ungere leggermente una padella con spray da cucina.

due. In una ciotola, sbatti insieme il latte, la panna e le uova. Aggiungere pepe rosso, peperone giallo, cipolla, basilico, curcuma, timo, pepe di cayenna e pepe nero macinato.

3. Aggiungere poi i cubetti di pane, il prosciutto, il formaggio e i pomodori. Aggiungi il composto alla pentola di coccio.

Quattro. Cuocere a fuoco basso per circa 4 ore o fino a quando uno stuzzicadenti (coltello) inserito al centro ne uscirà pulito. Godere!

Pane di Halloween con mirtilli

(Pronto in circa 2 ore | Per 8 persone)

ingredienti

- Olio spray antiaderente
- 3/4 tazza di zucca in scatola
- 1/2 tazza metà e metà
- 2 cucchiai di zucchero
- 1 cucchiaino di cannella in polvere
- 1/4 cucchiaino di cardamomo
- 1/4 cucchiaino di pimento
- 2 tazze di farina per tutti gli usi
- 1 cucchiaino di bicarbonato di sodio
- 1 cucchiaino di lievito in polvere
- 1/2 cucchiaino di sale
- 1/4 tazza di burro non salato, tagliato a cubetti

- 1/2 tazza di mirtilli

- 1/2 tazza di sciroppo d'acero

- 2 cucchiai di burro fuso

- 1/2 tazza di noci tritate, tostate

Indirizzi

1. Ungere la padella con spray antiaderente.

due. In una ciotola unire la zucca con metà e metà, lo zucchero e le spezie.

3. In una grande ciotola, mescolare insieme 2 tazze di farina, bicarbonato di sodio, lievito e sale. Quindi tagliare il burro freddo. Aggiungere il composto di zucca al composto di farina preparato. Mescolare delicatamente per unire.

Quattro. Aggiungere i mirtilli rossi al composto.

5. Versa il composto nella pentola di coccio. Versare lo sciroppo d'acero e il burro fuso sull'impasto. Quindi cospargere le noci sopra.

6. Cuocere a fuoco vivace per circa 2 ore. Servire caldo.

Budino di pane con fichi secchi

(Pronto in circa 3 ore | 6 porzioni)

ingredienti

- 8 tazze di cubetti di pane a scelta
- 1/2 tazza di fichi secchi, tritati
- 4 uova medie
- 2 tazze di latte intero
- 1/4 tazza di burro, fuso
- 1 cucchiaino di miele
- 1/4 tazza di zucchero di canna
- 1/4 cucchiaino di estratto di menta piperita
- 1/4 cucchiaino di cannella in polvere

Indirizzi

1.Mettete in una pentola i cubetti di pane preparati insieme ai fichi secchi.

due.In una ciotola capiente, sbatti insieme le uova, il latte, il burro, il miele, lo zucchero di canna, l'estratto di menta piperita e la cannella. Versare questo composto nella pentola di coccio. Mescolare per ricoprire.

3.Cuocere a fuoco basso per circa 3 ore.

Budino di pane alle mele speziato

(Pronto in circa 3 ore | 8 porzioni)

ingredienti

- 4 mele medie, senza torsolo e tritate
- 3 tazze di pane a cubetti
- 3 uova grandi
- 3/4 tazza di zucchero di canna confezionato
- 1/4 cucchiaino di pimento
- 1/2 cucchiaino di chiodi di garofano macinati
- 1 cucchiaino di cannella in polvere
- 1 cucchiaino di noce moscata
- 2 lattine (12 fl oz) di latte evaporato

Indirizzi

1.Mettete le mele e i cubetti di pane in una casseruola.

due.In una ciotola, sbattere le uova fino a renderle schiumose. Aggiungere gli ingredienti rimanenti e mescolare per amalgamare.

3.Versare il composto di uova preparato sulle mele e sul pane nella pentola di coccio.

Quattro.Cuocere a fuoco vivace per 4 ore o finché non si sarà formata la crema pasticciera.

Porridge di mele della nonna

(Pronto in circa 6 ore | 8 porzioni)

ingredienti

- Margarina fusa

- 8 tazze d'acqua

- 4 tazze di salsa di mele non zuccherata

- 1 tazza e 1/2 di avena tagliata in acciaio

- 2 mele medie, a dadini

- noce moscata grattugiata a piacere

- cardamomo a piacere

- cannella in polvere a piacere

- 2 cucchiai di miele

Indirizzi

1. Ungere leggermente la pentola di coccio con la margarina.

due. Mescolare il resto degli ingredienti in una grande ciotola. Versare questo composto nella pentola di coccio.

3. Cuocere a fuoco basso per almeno 6 ore.

Farina d'avena al cioccolato per bambini

(Fatto in circa 6 ore | Per 10 persone)

ingredienti

- Olio spray antiaderente
- 10 tazze d'acqua
- 6 banane, schiacciate
- 2 cucchiai di semi di chia
- 7-8 datteri secchi
- 2 tazze di avena tagliata in acciaio
- 1 cucchiaino di cannella in polvere
- 1/2 tazza di cacao in polvere non zuccherato

Indirizzi

1. Ungere leggermente una padella con spray da cucina.

due. Unisci gli ingredienti rimanenti nella pentola di coccio preparata.

3. Cuocere a fuoco basso per circa 6 ore.

Quinoa ai mirtilli e vaniglia

(Pronto in circa 6 ore | 6 porzioni)

ingredienti

- 4 tazze di latte di mandorle aromatizzato alla vaniglia
- 4 tazze d'acqua
- 2 tazze di quinoa
- 2 tazze di mirtilli
- 1/4 cucchiaino di noce moscata grattugiata
- 1/4 cucchiaino di cannella in polvere
- 1/3 di tazza di semi di lino
- 1/3 tazza di zucchero di canna

Indirizzi

1. Mescolare tutti gli ingredienti in una pentola.

due. Coprire con un coperchio; cuocere a fuoco basso per 8 ore o durante la notte.

Quinoa mela arancia

(Pronto in circa 8 ore | 6 porzioni)

ingredienti

- 2 tazze d'acqua
- 1 tazza di quinoa
- 1 cucchiaio di succo d'arancia fresco
- 2 tazze di succo di mela
- 1 cucchiaio di semi di chia
- 1 cucchiaino di cannella in polvere
- 1/4 cucchiaino di noce moscata grattugiata
- 1 tazza di uvetta
- 1 cucchiaino di estratto di vaniglia

Indirizzi

1. Unisci tutti gli ingredienti nella pentola di coccio.

due. Coprire con un coperchio; cuocere a fuoco lento per 6-8 ore.

Casseruola per colazione semplice e deliziosa

(Pronto in circa 12 ore | 8 porzioni)

ingredienti

- 1 busta (32 grammi) di hash browns, congelati
- 2 carote, affettate sottilmente
- 1 cipolla gialla, tritata
- 3 spicchi d'aglio, tritati finemente
- Prosciutto cotto da 1 libbra
- 2 tazze di formaggio cheddar grattugiato
- 8 uova
- 1 tazza di latte intero
- 1 cucchiaino di sale marino
- 1/4 cucchiaino di pepe nero macinato
- 1/4 cucchiaino di peperoncino rosso tritato

Indirizzi

1. In una pentola, alternare gli strati come segue: 1/2 patate fritte, 1/2 carote, 1/2 cipolla, 1/2 aglio, 1/2 prosciutto cotto e 1/2 del formaggio cheddar. Ripeti ancora una volta.

due. Sbattere le uova in una ciotola; quindi aggiungere gli ingredienti rimanenti.

3. Versare questo composto nella pentola a cottura lenta; copertina; cuocere a fuoco lento per 10-12 ore.

Hash Browns in stile ristorante

(Pronto in circa 8 ore | Per 10 persone)

ingredienti

- 1 sacchetto (32 once) di patate a cubetti
- Pancetta di tacchino da 1 libbra, cotta
- 1 peperoncino jalapeno, tritato finemente
- 3 spicchi d'aglio, tritati finemente
- 1 tazza di scalogno, tagliato a dadini
- 1 tazza di formaggio cheddar
- 1 tazza di latte intero
- 12 uova
- 1 cucchiaino di sale
- 1/2 cucchiaino di pepe nero macinato
- 1 cucchiaino di timo secco

Indirizzi

1.Nella pentola di coccio, alternare gli strati come segue: 1/2 patatine fritte, 1/2 pancetta, 1/2 peperoncino jalapeno, 1/2 aglio, 1/2 cipolla, 1/2 formaggio.

due.Quindi aggiungere i seguenti strati: 1/2 patatine fritte, 1/2 pancetta, 1/2 peperoncino jalapeno, 1/2 aglio, 1/2 cipolla, 1/2 formaggio.

3.In una ciotola unire il latte, l'uovo, il sale, il pepe nero e il timo. Versare questo composto nella pentola di coccio.

Quattro.Cuocere a fuoco lento per 8 ore o durante la notte.

Farina d'avena cremosa al cocco con semi di zucca

(Pronto in circa 8 ore | Per 12 persone)

ingredienti

- 4 tazze di avena tagliata in acciaio
- 2 lattine di latte di cocco
- 10 tazze d'acqua
- 1/4 cucchiaino di cardamomo
- 1/2 cucchiaino di cannella in polvere
- 1 cucchiaino di estratto di mandorle
- 3 cucchiai di zucchero di cocco
- 1/2 tazza di scaglie di cocco, per la decorazione
- Semi di zucca per decorare

Indirizzi

1. Metti nel pentolino l'avena, il latte di cocco, l'acqua, il cardamomo, la cannella, l'estratto di mandorle e lo zucchero di cocco.

due. Portare a ebollizione e cuocere per circa 8 ore, o fino a ottenere una crema.

3. Decorare con scaglie di cocco e semi di zucca!

Farina d'avena alla vaniglia e mandorle

(Pronto in circa 8 ore | Per 12 persone)

ingredienti

- 2 tazze di latte di mandorla aromatizzato alla vaniglia
- 2 tazze di avena tagliata in acciaio
- 8 tazze d'acqua
- 1 cucchiaino di cannella in polvere
- 1/2 cucchiaino di noce moscata grattugiata
- 1/4 cucchiaino di chiodi di garofano macinati
- 1 cucchiaino di estratto di vaniglia
- 3 cucchiai di sciroppo d'acero
- Uvetta per decorare
- Semi di Chia per guarnire

Indirizzi

1. Nella pentola di coccio, mettere il latte di mandorle, l'avena tagliata in acciaio, l'acqua, la cannella, la noce moscata, i chiodi di garofano, l'estratto di vaniglia e lo sciroppo d'acero.

due. Mettete la pentola di coccio su fuoco basso e fate cuocere la farina d'avena per circa 8 ore.

3. Decorare con uvetta e semi di chia e buon appetito!

Deliziosa colazione invernale

(Pronto in circa 8 ore | Per 12 persone)

ingredienti

- Olio spray antiaderente
- 1 confezione (26 once) di patate a cubetti
- 2 tazze di hot dog
- 2 tazze di formaggio cheddar grattugiato
- 10 uova
- 1 tazza di latte
- 1/2 cucchiaino di dragoncello essiccato
- 1 cucchiaio di aglio granulato
- 1/4 cucchiaino di pepe nero macinato
- 1 cucchiaino di sale

Indirizzi

1. Ungere la padella con spray da cucina. Metti le patate fritte sul fondo della pentola.

due. Scaldare una padella di ghisa a fuoco medio-alto. Quindi cuocere le salsicce finché non saranno dorate, circa 6 minuti. Quindi distribuire la salsiccia cotta sugli hash Browns.

3. Metti sopra il formaggio grattugiato.

Quattro. Sbattere le uova con il latte in una ciotola capiente fino a renderle spumose. Aggiungi le spezie e sbatti per unire. Versare questo composto sugli strati nella pentola di coccio.

5. Cuocere per 6-8 ore a fuoco basso. Servire caldo!

Casseruola di patatine al formaggio

(Pronto in circa 8 ore | 6 porzioni)

ingredienti

- 4 salsicce bratwurst, cotte
- 2 tazze di patate fritte
- 1 tazza di formaggio peperoncino, grattugiato
- 1 tazza di latte intero
- 4 uova grandi
- 1 cucchiaio di aglio granulato
- 1/4 cucchiaino di pepe nero macinato
- 1 cucchiaino di sale
- 1 cucchiaino di senape secca

Indirizzi

1. Cuocere le salsicce in una pentola finché non saranno più rosate. Metti gli hash Browns in una pentola di coccio.

due. Lavorare le salsicce cotte nella pentola di coccio insieme al grasso. Completare con formaggio forte.

3. Unisci il resto degli ingredienti in una ciotola. Versare questo composto di uova nella pentola di coccio.

Quattro. Cuocere a fuoco lento per circa 8 ore o durante la notte. Servire con senape e panna acida.

Casseruola di pancetta del Ringraziamento

(Pronto in circa 10 ore | 10 porzioni)

ingredienti

- 1 cucchiaio di olio d'oliva
- 1 tazza di cipolla verde tritata
- 1 peperone verde, tagliato a fettine sottili
- 1 peperone rosso, tagliato a fettine sottili
- 2 spicchi d'aglio, tritati finemente
- 2 libbre di patate fritte, congelate e scongelate
- 8 fette di pancetta di tacchino, cotte
- 1 tazza e 1/2 di gouda, grattugiato
- 10 uova grandi
- 1 tazza di latte
- 1/4 cucchiaino di pepe di cayenna
- 1 cucchiaino di sale marino
- 1/4 cucchiaino di pepe nero macinato

- 1 mazzetto di prezzemolo fresco

- 1/4 tazza di erba cipollina

Indirizzi

1. Scaldare l'olio d'oliva a fuoco medio in una padella di ghisa. Soffriggere la cipolla verde, la paprika e l'aglio finché la cipolla verde non si ammorbidisce. Aggiungere le patate fritte e cuocere per altri 2 minuti.

due. Metti metà del composto di cipolle e patate nella pentola di coccio; quindi aggiungere metà della pancetta cotta e completare con metà del formaggio Gouda grattugiato.

3. Ripeti gli strati allo stesso modo.

Quattro. Sbattere le uova insieme agli ingredienti rimanenti; versare questo composto di uova sullo strato di formaggio nella pentola di coccio.

5. Cuocere a fuoco basso, dalle 8 alle 10 ore.

Frittata piccante fantastica

(Pronto in circa 2 ore | 4 porzioni)

ingredienti

- 6 uova
- 1/2 tazza di latte intero
- 1 cucchiaino di sale marino
- 1/4 cucchiaino di pepe nero appena macinato
- 1 cucchiaino di basilico essiccato
- 1 cucchiaino di origano secco
- 1 cucchiaino di timo secco
- 1/4 cucchiaino di peperoncino in polvere
- 1 piccola testa di cavolfiore, tagliata a cimette
- 1 cipolla rossa media, tritata
- 1 spicchio d'aglio tritato finemente
- 1 tazza di formaggio cheddar grattugiato
- Erba cipollina per guarnire

- olive per decorare

Indirizzi

1. Oliare leggermente l'interno della pentola di coccio.

due. In una ciotola o in un misurino, sbatti insieme le uova, il latte e le spezie. Mescolare fino a quando tutto sarà ben amalgamato.

3. Aggiungi le cimette di cavolfiore, la cipolla e l'aglio nella pentola di coccio. Aggiungere il composto di uova condite.

Quattro. Copertina; poi cuocere a fuoco vivace per circa 2 ore, o finché le uova non si saranno rapprese.

5. Cospargere il formaggio grattugiato e coprire; lasciare riposare finché il formaggio cheddar non si sarà sciolto.

6. Tagliare la tortilla a spicchi, guarnire con erba cipollina e olive e servire.

Frittata notturna occidentale

(Pronto in circa 12 ore | Per 12 persone)

ingredienti

- 2 libbre di patate fritte
- 1 tazza di spinaci
- 1 libbra di prosciutto cotto, affettato
- 2 spicchi d'aglio, tritati finemente
- 1 cipolla gialla, tagliata a dadini
- 1 peperone rosso, senza semi e tagliato a dadini
- 1 tazza di formaggio Gouda, grattugiato
- 10 uova
- 1 tazza e ½ di latte
- 1 cucchiaino di sale marino
- 1/4 cucchiaino di pepe nero appena macinato
- 1/4 cucchiaino di peperoncino in polvere

Indirizzi

1. Rivestire leggermente la pentola di coccio con spray antiaderente.

due. Strati alternati in pentola di coccio. Disporre 1/3 degli hash Browns; aggiungere 1/3 degli spinaci; quindi aggiungere 1/3 di prosciutto cotto, 1/3 di aglio, 1/3 di cipolla e 1/3 di paprika.

3. Completare con formaggio Gouda grattugiato; ripetere gli stessi strati altre due volte.

Quattro. Mescolare gli ingredienti rimanenti in una ciotola capiente. Versare in una pentola di coccio.

5. Coprire con un coperchio; cuocere a fuoco lento per 10-12 ore. Servire con pane tostato e senape.

Spezzatino di verdure e prosciutto

(Pronto in circa 8 ore | 4 porzioni)

ingredienti

- 1/4 tazza di olio extra vergine di oliva
- 1 pastinaca, sbucciata e tritata
- 1 rapa, sbucciata e tritata
- 2 spicchi d'aglio, tritati finemente
- 1 tazza di prosciutto cotto e tagliato a dadini
- 3/4 tazza di latte intero
- 4 uova grandi
- 1/4 cucchiaino di curcuma
- 1/2 cucchiaino di rosmarino
- 1/4 cucchiaino di timo secco
- 1 mazzetto di prezzemolo fresco
- Crostini per decorare

Indirizzi

1. Unisci i primi quattro ingredienti nella pentola di coccio. Completare con il prosciutto.

due. Mescolare in una ciotola il latte, le uova e le spezie. Versare sopra le verdure e il prosciutto in una pentola di coccio.

3. Cuocere a fuoco basso per 6-8 ore. Servire con crostini.

Farina d'avena cremosa con frutti di bosco

(Pronto in circa 8 ore | 4 porzioni)

ingredienti

- 1 tazza di farina d'avena
- 1/2 cucchiaino di pimento
- 2 tazze d'acqua
- 1 tazza di acqua di cocco
- 1 pizzico di noce moscata grattugiata
- 1 pizzico di cannella in polvere
- 1 pizzico di sale
- 1 tazza metà e metà panna
- 1/4 tazza di zucchero di canna
- Bacche a scelta, per la decorazione

Indirizzi

1.Metti tutti gli ingredienti insieme (eccetto i frutti di bosco) nella pentola di coccio, subito prima di andare a letto.

due.Mettete la pentola sul fuoco basso e lasciate cuocere per tutta la notte.

3.Servite con i vostri frutti di bosco preferiti o frutti di bosco misti e gustateli caldi!

Avena vegana tagliata in acciaio

(Pronto in circa 3 ore | 6 porzioni)

ingredienti

- 2 banane, schiacciate
- 1 tazza di acqua di cocco
- 4 tazze d'acqua, divise
- 1 tazza di avena tagliata in acciaio
- 1/4 tazza di fichi secchi
- 1/4 tazza di mirtilli rossi secchi
- 1 cucchiaino di estratto di vaniglia
- 1/2 cucchiaino di cardamomo
- 1/2 cucchiaino di cannella in polvere
- zucchero di cocco a piacere

Indirizzi

1. Frulla le banane nel frullatore; quindi trasferire la purea di platani in una pentola.

due. Aggiungi gli ingredienti rimanenti.

3. Cuocere a fuoco medio per 3 ore. Ricordatevi di mescolare ogni 30 minuti.

Quattro. Servire con frutta extra se lo si desidera e buon appetito!

Farina d'avena tagliata in acciaio alla zucca

(Pronto in circa 6 ore | 6 porzioni)

ingredienti

- Olio spray antiaderente
- 6 tazze d'acqua
- 1 tazza e ½ di avena tagliata in acciaio
- 1/2 tazza di zucchero di canna
- 1 lattina (15 once) di purea di zucca
- 1 cucchiaino di estratto di vaniglia
- 1 cucchiaino di cardamomo
- 1 cucchiaio di spezie per torta di zucca
- 1 cucchiaino di cannella in polvere

Indirizzi

1. Ungere la padella con spray da cucina.

due. Metti tutti gli ingredienti.

3. Cuocere a fuoco basso per 6 ore. Dividere in sei ciotole da portata, cospargere con semi di zucca e servire.

Toast francese appetitoso

(Pronto in circa 5 ore | 8 porzioni)

ingredienti

- 2 pagnotte di pane tagliate a cubetti
- 1 cucchiaino di scorza di limone
- 6 uova grandi
- 1 tazza e ½ di latte
- 1 cucchiaino di estratto puro di mandorla
- 1 tazza metà e metà
- 1/4 cucchiaino di noce moscata grattugiata
- 1/4 cucchiaino di chiodi di garofano macinati
- 1 cucchiaino di cannella in polvere
- 1 tazza di zucchero di canna
- 3 cucchiai di burro fuso
- 2 tazze di mandorle tritate

Indirizzi

1. Ungere una padella con spray antiaderente o burro fuso.

due. Preriscalda il forno a 225 gradi F. Metti i cubetti di pane preparati su una teglia e inforna per ca. 30 minuti, o fino a quando i cubetti di pane saranno asciutti.

3. Metti i cubetti di pane sul fondo della pentola.

Quattro. Mescolare la scorza di limone, le uova, il latte, l'estratto di mandorle, metà e metà, noce moscata, chiodi di garofano e cannella. Versare questo composto sui cubetti di pane nella pentola di coccio.

5. In una piccola ciotola separata, unire lo zucchero di canna, il burro e le mandorle. Aggiungi alla pentola di coccio.

6. Metti la pentola di coccio a fuoco basso; coprire e cuocere per circa 5 ore.

7. Servire con frutta e sciroppo d'acero se lo si desidera.

Casseruola per colazione Tater Tot

(Pronto in circa 8 ore | 8 porzioni)

ingredienti

- 1 confezione (30 once) di tater
- 1 tazza di pancetta
- 1 tazza di cipolla verde tritata
- 2 tazze di formaggio peperoncino, grattugiato
- 12 uova
- 1 tazza di latte intero
- 3 cucchiai di farina 00
- 1/4 cucchiaino di pepe nero macinato
- 1/4 cucchiaino di pepe di cayenna
- 1 cucchiaino di sale kosher

Indirizzi

1. In una pentola unta, mettere 1/3 delle crocchette, poi 1/3 della pancetta, 1/3 delle cipolle verdi e infine aggiungere 1/3 dei formaggi grattugiati. Ripeti questi strati altre due volte e finisci con il formaggio.

due. In una ciotola capiente, mescolare il resto degli ingredienti; aggiungere alla pentola di coccio.

3. Coprire la pentola di coccio e cuocere a fuoco lento; quindi cuocere dalle 6 alle 8 ore.

Pane al latticello morbido e delizioso

(Pronto in circa 3 ore | 8 porzioni)

ingredienti

- 1 tazza e ½ di farina per tutti gli usi
- 1 cucchiaino di bicarbonato di sodio
- 1 cucchiaino di lievito in polvere
- un pizzico di sale
- 4 cucchiai di burro, tagliato a pezzi
- Un pizzico di noce moscata grattugiata
- 3/4 tazza di latticello

Indirizzi

1. In una grande ciotola, unire la farina per tutti gli usi, il bicarbonato di sodio, il lievito e il sale; tagliare il burro finché questo composto non assomiglia a piccole briciole.

due. Aggiungere noce moscata grattugiata e latticello.

3. Lavorare l'impasto e poi adagiarlo in una forma a molla unta.

Quattro. Posizionare sulla griglia; coprire e cuocere a fuoco vivace per circa 2 ore e mezza. Servire con latte.

delizioso pane alle erbe

(Pronto in circa 3 ore | 8 porzioni)

ingredienti

- 1 tazza e ½ di farina per tutti gli usi
- 1 cucchiaino di lievito in polvere
- 1 cucchiaino di bicarbonato di sodio
- 1 cucchiaino di aneto essiccato
- 1 cucchiaino di pepe nero macinato
- 1 cucchiaio di erba cipollina secca
- un pizzico di sale
- 4 cucchiai di margarina fredda, tagliata a pezzi
- 3/4 tazza di latticello

Indirizzi

1. Unisci i primi sette ingredienti in una ciotola. Quindi tagliare la margarina fredda fino a quando il composto assomiglia a piccole briciole.

due. Aggiungere il latticello e riportare l'impasto sulla superficie infarinata.

3. Lavorare l'impasto per circa 3 minuti.

Quattro. Disporre su una griglia e arrostire a fiamma alta per circa 2 ore. Servire caldo e gustare con il formaggio.

Pane con crusca e uvetta al mirtillo rosso

(Pronto in circa 3 ore | 16 porzioni)

ingredienti

- 1/2 tazza di farina integrale
- 1 tazza e ½ di farina per tutti gli usi
- 1 cucchiaino di lievito in polvere
- 1 cucchiaino di bicarbonato di sodio
- 1 cucchiaino di spezie per torta di zucca
- 1 cucchiaino di pimento
- 1/4 cucchiaino di noce moscata grattugiata
- 1/2 cucchiaino di sale
- 1 tazza e ½ di cereali integrali
- 2 tazze di latticello
- 1/4 tazza di sciroppo d'acero
- 3 cucchiai di burro fuso
- 2 uova

- 1/2 tazza di mirtilli rossi secchi, tritati grossolanamente

- 1/2 tazza di uvetta, tritata grossolanamente

- 1/4 tazza di noci, tritate

- 1/4 di noci tritate

Indirizzi

1. Unisci i primi nove ingredienti in una grande ciotola finché non saranno ben amalgamati.

due. Aggiungere poi il latticello, lo sciroppo d'acero, il burro, le uova; mescolare per unire.

3. Mescolare delicatamente i mirtilli rossi, l'uvetta, le noci pecan e le noci pecan.

Quattro. Versare l'impasto preparato in uno stampo da plumcake imburrato e infarinato.

5. Cuocere a temperatura alta per circa 3 ore, o fino a quando uno stuzzicadenti (o un coltello) inserito al centro del pane risulta pulito.

6. Servire con marmellata di frutta o miele!

Joe hamburger sciatti

(Pronto in circa 3 ore | Per 12 persone)

ingredienti

- 2 libbre di carne macinata magra
- 1 cipolla gialla tritata finemente
- 1 zucchina tritata
- 1 peperone giallo tritato
- 1 peperone rosso, tritato
- 1 tazza di funghi, affettati
- 1/2 tazza di pancetta fritta, sbriciolata
- 1 cucchiaino di aglio in polvere
- 1/2 cucchiaino di peperoncino in polvere
- 3/4 tazza di passata di pomodoro
- 1 tazza di formaggio magro, tagliato a dadini
- 2 foglie di alloro
- 1 cucchiaino di sale marino

- 1/4 cucchiaino di pepe nero macinato

- 12 panini per hamburger

Indirizzi

1. In una pentola capiente o nel wok, a fuoco medio, cuocere la carne macinata con cipolle, zucchine e peperoni. Cuocere fino a quando la carne macinata sarà dorata.

due. Aggiungere alla pentola a cottura lenta e poi aggiungere gli ingredienti rimanenti (tranne gli scones).

3. Cuocere a fuoco basso per 2 o 3 ore. Servire sui panini per hamburger e aggiungere sottaceti se lo si desidera.

Granola alle noci con olio di cocco

(Pronto in circa 2 ore e 30 minuti | 12 porzioni)

ingredienti

- spray da cucina
- 4 tazze di farina d'avena vecchio stile
- 1 tazza di mandorle tritate
- 1/2 tazza di noci, tritate
- 1/2 cucchiaino di pimento
- 1 cucchiaino di cannella
- un pizzico di sale
- 1/2 tazza di sciroppo d'acero
- 1/2 tazza di olio di cocco fuso
- 1/4 tazza di zucchero di canna
- 1 cucchiaino di estratto puro di mandorla

Indirizzi

1. Ungere la padella con spray da cucina. Aggiungere i fiocchi d'avena e riservare.

due. Aggiungere mandorle e noci.

3. Mescolare gli ingredienti rimanenti in una ciotola.

Quattro. Versare questo composto sull'avena e sulle noci nella pentola di coccio.

5. Cuocere per ca. 2 ore a fuoco basso, mescolando ogni 30 minuti.

6. Stendere la granola preparata su un foglio di carta alluminio e lasciare raffreddare.

Pane di mais al peperoncino alle erbe

(Pronto in circa 2 ore | Per 8 persone)

ingredienti

- 3/4 tazza di farina per tutti gli usi
- 1/4 tazza di farina di mais
- 1 cucchiaio di zucchero
- 1 cucchiaino di bicarbonato di sodio
- 1 cucchiaino di lievito in polvere
- 1 cucchiaino di basilico essiccato
- 1 cucchiaino di cumino macinato
- 1/2 cucchiaino di origano secco
- 1/2 cucchiaino di sale
- 1 uovo grande, sbattuto
- 1/2 tazza di latticello
- 1/4 pepe poblano, cotto e tritato
- 1/4 tazza di chicchi di mais interi

Indirizzi

1. Unisci i primi dieci ingredienti in una grande ciotola.

due. Aggiungere il latticello, il poblano e il mais e mescolare. Mescolare bene per unire.

3. Versare l'impasto in una teglia unta e infarinata.

Quattro. Quindi posiziona questa teglia su una griglia nella pentola di coccio. Copertina; cuocere a fuoco vivace per circa 2 ore.

5. Lasciare raffreddare per circa 10 minuti prima di servire.

Pane alla banana al gusto di caramello

(Pronto in circa 2 ore | Per 8 persone)

ingredienti

- 4 cucchiai di burro fuso
- 1/4 tazza di salsa di mele
- 2 uova di media grandezza
- 1 cucchiaio di acqua
- 1 cucchiaio di latte
- 3/4 tazza di zucchero di canna
- 3 banane mature, schiacciate
- 1 tazza e ¾ di farina per tutti gli usi
- 1 cucchiaino di lievito in polvere
- 1 cucchiaino di bicarbonato di sodio
- 1/4 cucchiaino di sale.
- 1/4 tazza di mandorle tritate grossolanamente

Indirizzi

1. Sbattere il burro, la salsa di mele, le uova, l'acqua, il latte e lo zucchero di canna in una ciotola fino ad ottenere un composto cremoso e liscio.

due. Aggiungere le banane schiacciate, la farina, il lievito, il bicarbonato e il sale. Aggiungere le mandorle.

3. Versare l'impasto in uno stampo adatto.

Quattro. Friggere a fuoco vivace per ca. 3 ore finché uno stuzzicadenti (o un coltello) inserito al centro del banana bread ne esce pulito.

5. Togliere il banana bread dallo stampo e lasciarlo raffreddare a temperatura ambiente.

Pane alla zucca e mandorle

(Pronto in circa 3 ore e 30 minuti | 16 porzioni)

ingredienti

- 1 tazza di zucca in scatola
- 4 cucchiai di margarina fusa
- 1/2 tazza di zucchero semolato
- 2 uova medie, sbattute
- 1/2 tazza di latte
- 2 tazze di farina per tutti gli usi
- 1 cucchiaino di lievito in polvere
- 1 cucchiaino di bicarbonato di sodio
- 1/4 cucchiaino di noce moscata grattugiata
- 1 cucchiaino di spezie per torta di zucca
- un pizzico di sale
- 1/2 tazza di mandorle, tostate e tritate

Indirizzi

1. In una ciotola capiente, unisci la zucca con la margarina e lo zucchero fino a quando non saranno ben amalgamati; aggiungere uova e latte.

due. Aggiungere la farina, il lievito, il bicarbonato, la noce moscata, le spezie per la torta di zucca e il sale; unire le mandorle tritate.

3. Versare l'impasto in una teglia e adagiarlo nella padella. Cuocere a fuoco vivace per circa 3 ore e mezza.

Quattro. Lasciare raffreddare il pane alla zucca su una gratella. Servire con miele e buon appetito!

Pane al formaggio al rosmarino

(Pronto in circa 2 ore | Per 8 persone)

ingredienti

- 6 cucchiai di burro a temperatura ambiente
- 1 tazza di parmigiano grattugiato
- 1 cucchiaio di rosmarino fresco
- 1 pagnotta media di pane

Indirizzi

1. Unisci il burro, il parmigiano e il rosmarino fresco e mescola fino ad ottenere un composto ben amalgamato.

due. Tagliare il pane in 8 fette. Spalmate entrambi i lati delle fette di pane con il composto di rosmarino e formaggio.

3. Avvolgere le fette di pane in un foglio di alluminio.

Quattro. Mettete nella pentola di coccio e lasciate cuocere a fuoco lento per 2 ore. Scoprire e lasciare raffreddare per circa 5 minuti.

Sloppy Joes vegetariani

(Pronto in circa 3 ore | 8 porzioni)

ingredienti

- 1 tazza di funghi, tagliati a fettine sottili
- 1 tazza di cipolla tritata
- 1 peperone rosso, tritato
- 1/4 pepe poblano, tritato
- 2 cucchiaini di aglio tritato finemente
- 1 tazza di salsa di pomodoro
- 1 cucchiaino di semi di sedano
- 1 tazza e ½ di acqua
- 1/4 tazza di zucchero
- 1 cucchiaino di sale kosher
- 1/4 pepe nero macinato
- 8 panini per hamburger integrali

Indirizzi

1. Unisci funghi, cipolle, peperoni, pepe poblano, aglio, ketchup, semi di sedano, acqua e zucchero.

due. Copri la pentola con un coperchio e cuoci gli Sloppy Joes a fuoco alto per 2 o 3 ore. Condire con sale e pepe.

3. Servire in ciotole con la vostra insalata preferita.

panini di carne di lusso

(Pronto in circa 3 ore | Per 12 persone)

ingredienti

- 2 libbre di carne macinata magra
- 1 peperone rosso, tritato
- 1 peperone verde, tritato
- 1 cipolla gialla, tritata
- 1 tazza di funghi, tagliati a fettine sottili
- 2 spicchi d'aglio, tritati finemente
- 1/2 tazza di pancetta di tacchino fritta, sbriciolata
- 3/4 tazza di passata di pomodoro
- 1 cucchiaio di salsa di pomodoro
- 2 cucchiai di vino rosso secco
- 1 tazza di formaggio fuso, tagliato a dadini
- Sale e pepe a piacere
- 12 panini, toast

Indirizzi

1.Scaldare una padella grande a fuoco medio; cuocere la carne macinata, la paprika e la cipolla fino a quando la carne sarà rosolata e la cipolla sarà traslucida. Sostituisci la pentola di coccio.

due.Aggiungi gli ingredienti rimanenti tranne i panini sandwich; cuocere a fuoco lento per circa 3 ore.

3.Servire su panini, guarnire con senape e insalata e buon appetito.

I migliori panini con bistecca

(Pronto in circa 3 ore | Per 12 persone)

ingredienti

- 1 libbra di carne mista di manzo e maiale, macinata
- 3/4 tazza di erba cipollina tritata
- 1 spicchio d'aglio tritato finemente
- 1 tazza di pomodori, tagliati a dadini e scolati
- 1 cucchiaio di salsa Worchestershire
- 1/4 tazza di zucchero di canna chiaro confezionato
- 1 cucchiaio di senape
- 1 cucchiaio colmo di coriandolo
- 1 mazzetto di prezzemolo fresco
- 1 cucchiaino di sale marino
- 1/4 cucchiaino di pepe nero macinato
- 1/4 cucchiaino di peperoncino rosso tritato
- 12 panini tostati

Indirizzi

1. In una pentola ampia e profonda, a fuoco medio-basso, fate soffriggere la carne mista, il cipollotto e l'aglio; sbriciolare con una forchetta; aggiungere alla pentola di coccio.

due. Aggiungi gli ingredienti rimanenti tranne i panini sandwich; cuocere a fuoco vivace per 2 o 3 ore.

3. Disporre i panini con i panini e servire con un po' di ketchup e senape extra.

Panino al pollo al barbecue

(Pronto in circa 8 ore | 8 porzioni)

ingredienti

- Petto di pollo disossato e senza pelle da 1 libbra
- 1/2 tazza di brodo di pollo
- 1/4 tazza di salsa barbecue
- 1/4 tazza d'acqua
- 1 tazza di salsa di pomodoro
- 2 cucchiai di vino bianco secco
- 1/3 di tazza di senape gialla
- 1 cucchiaino di dragoncello
- 1 gambo di sedano tritato
- 1 carota grande, tritata
- 2 cucchiai di zucchero di canna
- 1/2 tazza di cipolla tritata
- 1 spicchio d'aglio tritato finemente

- Sale e pepe a piacere

- 8 panini per hamburger

Indirizzi

1. Unisci tutti gli ingredienti tranne i panini per hamburger in una pentola di coccio.

due. Coprire con un coperchio e cuocere a fuoco lento per 6-8 ore o durante la notte. Quindi tritare il pollo cotto, aggiustare il condimento e servire con i panini.

Panino piccante di maiale

(Pronto in circa 8 ore | Per 12 persone)

ingredienti

Per i panini:

- 1 lombo di maiale arrosto, disossato
- 1 cucchiaino di aglio in polvere
- 1 cucchiaino di cipolla in polvere
- 1/4 cucchiaino di pepe nero macinato
- sale marino qb
- 1/2 tazza d'acqua
- 12 panini per sandwich

Per la salsa:

- 1 tazza di maionese a basso contenuto di grassi
- 1 spicchio d'aglio tritato finemente
- 2 cucchiai di succo di limone

Indirizzi

1.Strofinare il filetto di maiale con aglio in polvere, cipolla in polvere, pepe nero macinato e sale a piacere. Versare acqua. Mettete in una pentola e lasciate cuocere a fuoco lento per tutta la notte, o circa 8 ore.

due.Togliere la carne di maiale dalla pentola di coccio e tritarla.

3.Mescolare tutti gli ingredienti per la salsa.

Quattro.Metti la carne di maiale cotta sul fondo dei panini. Quindi versare la salsa preparata con un cucchiaio e adagiarla sopra i panini. Godere!

granola estiva con semi

(Pronto in circa 2 ore | Per 16 persone)

ingredienti

- 6 tazze di farina d'avena, vecchio stile
- 1 tazza di semi di zucca
- 1 tazza di semi di girasole
- 1/2 cucchiaino di sale kosher
- 2 cucchiai di succo d'arancia
- 1/2 tazza di olio di canola
- 1 tazza di sciroppo d'acero
- 1/2 tazza di fichi secchi, tritati
- 1 tazza di ananas secco, tritato

Indirizzi

1. Unisci l'avena, i semi di zucca, i semi di girasole e il sale in una casseruola.

due. In una piccola ciotola, sbatti il succo d'arancia, l'olio e lo sciroppo d'acero fino ad ottenere un composto omogeneo. Aggiungere questo composto al composto di avena.

3. Cuocere, coperto, a fuoco vivace per ca. 2 ore, mescolando ogni 20 minuti.

Quattro. Togliete dal fuoco e lasciate raffreddare la granola. Aggiungete i fichi secchi e l'ananas e mescolate bene.

5. Disporre la granola preparata su carta da forno e distribuirla uniformemente. Lasciare raffreddare completamente prima di riporre.

Muesli semplice con datteri

(Pronto in circa 3 ore | 6 porzioni)

ingredienti

- 1/4 tazza di miele
- 6 cucchiai di salsa di mele
- 1/4 cucchiaino di cardamomo
- 1/4 cucchiaino di noce moscata grattugiata
- 1/4 cucchiaino di chiodi di garofano macinati
- 1 cucchiaino di cannella in polvere
- un pizzico di sale
- 1 cucchiaino di estratto di vaniglia
- 1/2 cucchiaino di estratto di acero
- 1 cucchiaio di semi di canapa
- 3 tazze di farina d'avena
- 1 tazza di noci tostate e tritate
- 1 tazza di datteri Medjool, snocciolati e tritati

Indirizzi

1. Metti il miele, la salsa di mele, il cardamomo, la noce moscata, i chiodi di garofano, la cannella, il sale, l'estratto di vaniglia e gli estratti di acero nella pentola di coccio. Aggiungere i semi di canapa e mescolare bene per amalgamare.

due. Aggiungere i fiocchi d'avena e le noci. Mescolare per unire.

3. Cuocere a fuoco vivace per 3 ore, areare leggermente con il coperchio. Mescolare di tanto in tanto. Lasciare raffreddare leggermente e poi aggiungere i datteri tritati.

Quattro. Versate la granola su una teglia e lasciatela raffreddare completamente prima di servire nei contenitori ermetici.

Granola all'acero e cocco

(Pronto in circa 3 ore | 6 porzioni)

ingredienti

- 1/4 tazza di sciroppo d'acero
- 2 cucchiai di olio di colza
- 1 tazza di semi di girasole decorticati
- 2 cucchiai di semi di chia
- 1/4 cucchiaino di chiodi di garofano macinati
- 1 cucchiaino di cannella in polvere
- un pizzico di sale
- 1 cucchiaino di estratto puro di vaniglia
- 1 tazza di scaglie di cocco
- 3 tazze di farina d'avena
- 1 tazza di mandorle tritate
- 1 tazza di ciliegie secche, tritate

Indirizzi

1. Unisci lo sciroppo d'acero, l'olio di canola, i semi di girasole, i semi di chia, i chiodi di garofano macinati, la cannella, il sale, l'estratto di vaniglia, i fiocchi di cocco e la farina d'avena in una pentola di coccio.

due. Cuocere per circa 3 ore, mescolando di tanto in tanto. Lasciare raffreddare la granola per circa 15 minuti; aggiungere le mandorle e le ciliegie secche. Mescolare fino a quando tutto sarà ben incorporato.

3. Stendere su una teglia da forno a raffreddare completamente.

panino con maiale stirato

(Pronto in circa 3 ore | Per 12 persone)

ingredienti

- 1 lombo di maiale arrosto, disossato
- 1 cucchiaino di curry in polvere
- 1 cucchiaino di pepe di cayenna
- 1/2 cucchiaino di zenzero grattugiato
- 1 tazza di brodo di manzo
- Sale a piacere
- 1/4 cucchiaino di pepe nero
- 1 foglia di alloro
- 48 fette di pane

Indirizzi

1. Strofinare il filetto di maiale fritto con curry e pepe di cayenna.

due. Metti il maiale stagionato in una pentola di coccio; aggiungere lo zenzero grattugiato e il brodo di manzo. Aggiungere sale, pepe nero e alloro.

3. Cuocere a fuoco basso per circa 3 ore. Tagliare la carne di maiale cotta a strisce sottili. Assaggia e aggiusta il condimento.

Quattro. Preparare dei panini con un cucchiaio di salsa su ogni fetta di pane.

panino con carne invernale

(Pronto in circa 8 ore | Per 12 persone)

ingredienti

- 1 arrosto di vitello di media grandezza, disossato
- 1/2 cucchiaino di sale marino
- 1/4 cucchiaino di pepe nero
- 1 cucchiaino di basilico essiccato
- 1 cucchiaio di salvia fresca
- 2 tazze di brodo di manzo
- 1 bicchiere di vino rosso secco
- 1 spicchio d'aglio tritato finemente
- 7-8 grani di pepe
- 12 panini per panini
- crauti per decorare
- Peperoncini per decorare

Indirizzi

1. Condire il roast beef con sale marino e pepe nero e metterlo in una pentola.

due. Aggiungete il basilico, la salvia, il brodo di manzo, il vino, l'aglio e il pepe in grani. Coprite e lasciate cuocere a fuoco lento per circa 8 ore, o durante la notte.

3. Servire il manzo bollito su panini con crauti e peperoncino.

Panino con salsiccia soddisfacente

(Pronto in circa 6 ore | 6 porzioni)

ingredienti

- 8 salsicce fresche
- 1 tazza di brodo di manzo
- 4 tazze di salsa per spaghetti
- 1 peperoncino tritato
- 1 peperone rosso, affettato
- 1 peperone verde, affettato
- 1 tazza di erba cipollina tritata
- 1 mazzetto di prezzemolo fresco
- 1 mazzetto di coriandolo fresco
- 6 ciotole da cocktail, divise longitudinalmente

Indirizzi

1. Mettete in una pentola le salsicce, il brodo di manzo, il sugo degli spaghetti, il peperoncino, la paprika e la cipolla. Aggiungere prezzemolo e coriandolo. Mescolare per unire.

due. Coprire con un coperchio; cuocere a bassa temperatura per 6 ore. Servire su rotolini da cocktail e buon appetito!

salsicce affumicate di campagna

(Pronto in circa 6 ore | 6 porzioni)

ingredienti

- 1 cucchiaio di olio extra vergine di oliva
- 6 cipolle verdi, affettate
- 1 peperone giallo, affettato
- 1 peperone rosso, affettato
- 4 spicchi d'aglio, tritati finemente
- 2 chili di salsiccia affumicata
- 1 lattina (28 once) di pomodori, tagliati a dadini
- 1 cucchiaino di sale
- 1/2 cucchiaino di pepe nero macinato
- 1/2 cucchiaino di fiocchi di peperoncino tritato
- Senape per guarnire

Indirizzi

1. Scaldare l'olio d'oliva a fuoco medio in una padella larga. Soffriggere cipolla, paprika, aglio e salsiccia finché le verdure saranno tenere e la salsiccia leggermente dorata. Trasferire in una pentola di coccio.

due. Aggiungere i pomodori, sale, pepe nero e paprika rossa.

3. Cuocere a fuoco basso per circa 6 ore. Servire con la vostra senape preferita.

Tacos di manzo che devi mangiare

(Pronto in circa 8 ore | 6 porzioni)

ingredienti

- 1 chilo e mezzo di roast beef, disossato
- 1 cipolla rossa grande, affettata
- 1 tazza di brodo di manzo
- 1 vasetto (16 grammi) di salsa taco
- 12 gusci di tacos
- 2 cetrioli, tagliati a fette sottili
- 2 pomodori maturi, affettati

Indirizzi

1.Mettete in una pentola il roast beef e la cipolla affettata. Versare il brodo di manzo e la salsa di taco.

due.Cuocere a BASSA per 8 ore o durante la notte.

3.Al mattino tagliare la carne a listarelle.

Quattro.Riempi i gusci di taco con carne tritata; aggiungere il cetriolo e il pomodoro e servire!

Farina d'avena con prugne e albicocche

(Pronto in circa 8 ore | 4 porzioni)

ingredienti

- 1 tazza di avena tagliata in acciaio
- 4 tazze e ½ di acqua
- 1/2 cucchiaino di zenzero grattugiato
- 1/2 cucchiaino di pimento
- 1/2 cucchiaino di cannella in polvere
- 1/2 cucchiaino di sale
- 3 cucchiai di burro
- 1/2 tazza di prugne secche
- 1/2 tazza di albicocche secche
- Sciroppo d'acero, a piacere

Indirizzi

1. Metti tutti gli ingredienti in una pentola.

due. Coprite e fate cuocere a fuoco basso per circa 8 ore.

3. Servire con latte e qualche frutta in più se lo si desidera.

Muesli con cocco e arachidi

(Pronto in circa 2 ore | Per 12 persone)

ingredienti

- 4 tazze di farina d'avena
- 4 tazze d'acqua
- 1 cucchiaino di pimento
- 1/4 cucchiaino di curcuma
- 1 tazza di germe di grano
- 1 tazza di crusca da forno naturale
- ½ tazza di cocco grattugiato, non zuccherato
- 1/2 tazza di zucchero di canna
- 4 cucchiai di burro fuso
- 1 cucchiaino di estratto di mandorle
- 2 cucchiai di semi di zucca
- Arachidi per decorare

Indirizzi

1. Aggiungi tutti gli ingredienti tranne le arachidi nella pentola di coccio.

due. Coprire con un coperchio; cuocere a fuoco vivace per circa 2 ore, mescolando due volte. Dividere in 12 ciotole da portata, cospargere sopra le arachidi tritate e servire!

panino con cheesesteak

(Pronto in circa 8 ore | 8 porzioni)

ingredienti

- Bistecca rotonda da 1 libbra, affettata sottilmente
- 1 tazza di cipolla affettata
- 1 peperone verde, affettato
- 1 tazza di brodo di manzo
- 1 spicchio d'aglio tritato finemente
- 2 cucchiai di vino rosso secco
- 1 cucchiaio di salsa Worchestershire
- 1 cucchiaino di semi di sedano
- 1/2 cucchiaino di sale
- 1/4 cucchiaino di pepe nero macinato
- 8 panini per hamburger
- 1 tazza di mozzarella, grattugiata

Indirizzi

1. Unisci tutti gli ingredienti tranne i panini e il formaggio in una pentola di coccio.

due. Coprire e cuocere a fuoco basso per 6-8 ore.

3. Prepara dei panini con panini, misto di carne preparato e formaggio. Servire caldo e buon appetito!

Cuccioli di birra con funghi e cipolle

(Pronto in circa 8 ore | 8 porzioni)

ingredienti

- 8 salsicce fresche
- 2 (12 once) 3 bottiglie di birra
- 1 tazza di funghi, affettati
- 2-3 spicchi d'aglio, tritati finemente
- 1 cipolla rossa affettata
- 1 peperone rosso, affettato
- 1 cucchiaino di sale marino
- 1/4 cucchiaino di pepe nero macinato
- 1 cucchiaino di pepe poblano tritato
- 8 panini con salsiccia

Indirizzi

1. Mescolare tutti gli ingredienti tranne i panini in una casseruola.

due. Cuocere, coperto, a fuoco basso per 6-8 ore.

3. Servire salsicce e verdure cotte sui panini. Aggiungi senape, ketchup e panna acida se lo desideri.

Deliziosi panini con salsiccia e crauti

(Pronto in circa 8 ore | 6 porzioni)

ingredienti

- 6 salsicce fresche a vostra scelta
- 1 cipolla media, tritata
- 1 tazza di crauti
- 1 mela piccola, sbucciata, senza torsolo e affettata sottilmente
- 1 cucchiaino di semi di cumino
- 1/2 tazza di brodo di pollo
- Sale a piacere
- 1/2 cucchiaino di pepe nero macinato
- 6 panini con salsiccia
- Salsa di pomodoro per guarnire
- Senape per guarnire

Indirizzi

1.Mettete le salsicce in una pentola. Quindi aggiungere cipolla, crauti, mela, semi di cumino, brodo di pollo, sale e pepe nero.

due.Cuocere, coperto, a fuoco basso per 6-8 ore.

3.Prepara dei panini con i panini e servili con ketchup e senape.

Casseruola Di Salsiccia Di Natale

(Pronto in circa 8 ore | 8 porzioni)

ingredienti

- Spray da cucina antiaderente al gusto di burro
- 1 confezione (26 grammi) di patate fritte surgelate, scongelate
- 1 zucchina, affettata sottilmente
- 1 tazza di latte intero
- 10 uova sbattute
- 1 cucchiaino di sale marino
- 1/4 cucchiaino di fiocchi di peperoncino tritato
- 1/4 cucchiaino di pepe nero macinato
- 1 cucchiaino di semi di cumino
- 1 cucchiaio di senape macinata
- 2 tazze di hot dog
- 2 tazze di formaggio cheddar grattugiato

Indirizzi

1. Ungere una padella con spray antiaderente. Distribuire gli hash Browns per coprire il fondo della pentola di coccio. Quindi stendete le fette di zucchine.

due. In una ciotola media, sbatti insieme il latte, le uova, il sale, il peperoncino, il pepe nero, i semi di cumino e la senape macinata.

3. Scaldare una padella di ghisa a fuoco medio. Cuocere poi le salsicce fino a quando saranno dorate e sbriciolate, ca. 6 minuti; scartare il grasso.

Quattro. Disporre la salsiccia sopra lo strato di zucca, quindi spalmare con il formaggio cheddar. Versare il composto di uova e latte sullo strato di formaggio.

5. Cuocere a fuoco basso per 6-8 ore. Servire caldo con un po' di senape extra.

Spezzatino di salsiccia durante la notte

(Pronto in circa 8 ore | Per 12 persone)

ingredienti

- 1 tazza e ½ di salsiccia piccante
- 1 cipolla rossa, tritata
- 2 spicchi d'aglio, tritati finemente
- 1 peperone dolce, tagliato a fettine sottili
- 1 peperoncino jalapeno
- 1/4 tazza di prezzemolo fresco
- 1 mazzetto di coriandolo fresco
- 1 confezione (30 grammi) di patate scongelate, grattugiate e tritate
- 1 1/2 tazza di formaggio peperoncino, tritato
- 1 tazza di latte
- 12 uova
- 1 cucchiaino di senape secca
- 1 cucchiaino di semi di sedano

- 1/2 cucchiaino di sale
- 1/8 cucchiaino di pepe
- 1/4 cucchiaino di pepe di cayenna

Indirizzi

1. Cuocere la salsiccia in una pentola media antiaderente a fuoco medio; scolare e riservare.

due. In una ciotola media, unisci cipolla, aglio, paprika, peperoncino jalapeño, prezzemolo e coriandolo. Mescolare bene per unire.

3. Squadre alternative. Metti 1/3 delle frittelle di patate, della salsiccia, del composto di cipolle e del formaggio in una pentola di coccio. Allo stesso modo, ripeti gli strati due volte.

Quattro. Mescolare il resto degli ingredienti in una ciotola separata. Versare questo composto nella pentola di coccio e distribuirlo uniformemente.

5. Coprire e cuocere a fuoco lento per circa 8 ore o durante la notte. Servire caldo.

Panino all'alba di maiale

(Pronto in circa 8 ore | Per 12 persone)

ingredienti

- 1 arrosto di maiale medio
- 1/4 cucchiaino di pepe nero
- 1/4 cucchiaino di fiocchi di peperoncino tritato
- 1 cucchiaino di sale marino
- 1 cucchiaino di timo secco
- 1 cucchiaio di aroma di fumo liquido
- 12 panini pretzel

Indirizzi

1. Forare la carne di maiale con un forchettone per una migliore cottura lenta.

due. Condire con le spezie e poi spargere il fumo liquido sull'arrosto di maiale.

3. Mettete l'arrosto di maiale in una pentola.

Quattro. Coprire e cuocere a fuoco basso per 8-10 ore, girando una o due volte.

5. Tritare l'arrosto di maiale preparato, aggiungendo grasso per inumidirlo. Prepara dei panini con i panini pretzel e divertiti!

Panino di maiale stirato con birra

(Pronto in circa 10 ore | 16 porzioni)

ingredienti

- 1 arrosto di maiale medio
- 1 cipolla grande, tritata
- 3 spicchi d'aglio, tritati finemente
- 2 carote, affettate sottilmente
- 1/2 cucchiaino di pepe nero macinato
- 1/2 cucchiaino di pepe di cayenna
- 1 cucchiaino di sale marino
- 1 cucchiaino di pepe nero macinato
- 1 cucchiaino di cumino in polvere
- 1 lattina di birra (12 once liquide)
- 1 tazza di salsa barbecue

Indirizzi

1. Forare il maiale con un forchettone.

due. Mettete in un pentolino tutti gli ingredienti tranne la salsa barbecue.

3. Metti la pentola di terracotta a fuoco alto; cuocere per 1 ora. Quindi ridurre il fuoco al minimo e cuocere per altre 6-8 ore.

Quattro. Tritare il maiale cotto e rimetterlo nella pentola di coccio. Aggiungere la salsa barbecue e cuocere per un'altra ora.

5. Servi sui tuoi panini per hamburger preferiti e buon appetito!

Le mele croccanti della mamma

(Pronto in circa 3 ore | 6 porzioni)

ingredienti

- 2/3 tazza di avena vecchio stile
- 2/3 tazza di zucchero di canna, confezionato
- 2/3 tazza di farina per tutti gli usi
- 1 cucchiaino di pimento
- 1 cucchiaino di cannella
- 1/2 tazza di burro
- 5-6 mele acide, tolte e tagliate a fette

Indirizzi

1. Unisci i primi sei ingredienti in una ciotola media. Mescolare fino a quando tutto sarà ben amalgamato.

due. Metti le mele a fette nella pentola di coccio.

3. Cospargere la miscela di farina d'avena sulle mele nella pentola di coccio.

Quattro. Copri la pentola di coccio con tre tovaglioli di carta. Mettete la pentola sul fuoco vivace e fate cuocere per circa 3 ore.

Quinoa vegetariana con spinaci

(Pronto in circa 3 ore | 4 porzioni)

ingredienti

- 2 cucchiai di olio d'oliva
- 3/4 tazza di erba cipollina tritata
- 1 tazza di spinaci
- 2 spicchi d'aglio, tritati finemente
- 1 tazza di quinoa, sciacquata
- 2 tazze e ½ di brodo vegetale
- 1 tazza d'acqua
- 1 cucchiaio di basilico fresco
- 1 cucchiaio di coriandolo fresco
- 1/4 cucchiaino di pepe nero macinato
- Sale a piacere
- 1/3 tazza di parmigiano

Indirizzi

1. In una casseruola, scaldare l'olio d'oliva a fuoco medio-alto. Soffriggere la cipolla, gli spinaci e l'aglio finché non saranno teneri e fragranti. Trasferire in una pentola di coccio.

due. Aggiungere gli altri ingredienti tranne il formaggio e coprire con il coperchio.

3. Cuocere a BASSA per circa 3 ore.

Quattro. Aggiungere il parmigiano, assaggiare e aggiustare di condimento; partecipare!

Quinoa semplice con formaggio e verdure

(Pronto in circa 3 ore | 4 porzioni)

ingredienti

- 2 cucchiai di margarina fusa
- 1 cipolla media, tritata
- 1 spicchio d'aglio tritato finemente
- 1 tazza di funghi, affettati
- 1 peperone rosso dolce
- 1 tazza di quinoa, sciacquata
- 2 tazze di brodo vegetale
- 1 tazza e ½ di acqua
- 1 mazzetto di prezzemolo fresco
- 1 mazzetto di coriandolo fresco
- 1/4 cucchiaino di fiocchi di peperoncino tritato
- Un pizzico di pepe nero macinato
- Sale a piacere

- 1/3 tazza di parmigiano

Indirizzi

1. Scaldare la margarina a fuoco medio in una padella media.

due. Soffriggere la cipolla, l'aglio, i funghi e il peperoncino nella margarina calda per ca. 6 minuti o fino a quando saranno teneri. Sostituisci una pentola di coccio.

3. Aggiungete il resto degli ingredienti, escluso il parmigiano; Mettete la pentola sul fuoco basso e fate cuocere per circa 3 ore.

Quattro. Aggiungete il parmigiano e gustatela calda!

Frittata di cavolo riccio con salsicce

(Pronto in circa 3 ore | 6 porzioni)

ingredienti

- Olio spray antiaderente
- 3/4 tazza di cavolo riccio
- 1 peperone rosso dolce, affettato
- 1 peperone verde dolce, affettato
- 1 cipolla rossa media, affettata
- 8 uova sbattute
- 1/2 cucchiaino di pepe nero macinato
- 1 cucchiaino di sale
- 1 1/3 tazze di salsiccia

Indirizzi

1. Mescolare tutti gli ingredienti in una pentola ben unta.

due. Mettete la pentola sul fuoco basso e fate cuocere fino a quando la frittata sarà pronta ovvero circa 3 ore.

3. Puoi scaldare questa frittata nel microonde per 60 secondi.

Deliziosa frittata del fine settimana

(Pronto in circa 3 ore | 6 porzioni)

ingredienti

- Olio spray antiaderente
- 1 1/3 tazza di prosciutto cotto
- 1 peperone rosso, affettato
- 1 peperone verde dolce, affettato
- 1 cipollotto, affettato
- 8 uova sbattute
- 1 cucchiaio di basilico
- 1 mazzetto di coriandolo fresco
- 1 cucchiaio di prezzemolo fresco
- 1 cucchiaino di sale
- 1/4 cucchiaino di pepe nero macinato
- 1/4 cucchiaino di pepe di cayenna
- Qualche goccia di salsa tabasco

Indirizzi

1. Ungere una padella con spray antiaderente. Mescolare tutti gli ingredienti nella pentola di coccio.

due. Mettete la pentola sul fuoco basso e fate cuocere la frittata per circa 3 ore.

3. Dividere in sei piatti da portata e cospargere con erba cipollina tritata, se lo si desidera; guarnire con panna acida e servire!

Delizia per la colazione vegetariana

(Pronto in circa 4 ore | 4 porzioni)

ingredienti

- 2 cucchiai di olio di colza
- 1 tazza di erba cipollina tritata
- 1 spicchio d'aglio tritato finemente
- 2 carote medie, affettate sottilmente
- 1 gambo di sedano tritato
- 1 tazza di quinoa, sciacquata
- 2 tazze di brodo vegetale
- 1 tazza e ½ di acqua
- 1 cucchiaio di coriandolo fresco
- Un pizzico di pepe nero macinato
- 1/4 cucchiaino di timo secco
- 1/4 cucchiaino di aneto essiccato
- Sale a piacere

- 1/3 tazza di parmigiano

Indirizzi

1. In una padella media, scaldare l'olio di canola a fuoco medio.

due. Soffriggere l'erba cipollina, l'aglio, le carote e il sedano per circa 5 minuti, o fino a quando le verdure saranno tenere. Trasferisci le verdure in una pentola.

3. Aggiungere la quinoa, il brodo vegetale, l'acqua, il coriandolo, il pepe nero, il timo secco, l'aneto e il sale a piacere.

Quattro. Coprire e cuocere a fuoco BASSO per circa 4 ore.

5. Spalmare sopra il parmigiano e servire caldo!

Frittata di bacon ad alto contenuto proteico

(Pronto in circa 4 ore | 6 porzioni)

ingredienti

- Olio spray antiaderente
- 1 tazza di scalogno, affettato
- 1 1/3 tazze di pancetta
- 1 tazza di funghi, affettati
- 1 peperone poblano, tritato finemente
- 10 uova sbattute
- 1 mazzetto di coriandolo fresco
- 1 cucchiaino di sale
- 1/4 cucchiaino di pepe nero macinato
- 1/4 cucchiaino di fiocchi di peperoncino tritato

Indirizzi

1. Mescolare tutti gli ingredienti in una pentola unta.

due. Successivamente, metti la pentola di coccio a fuoco basso; coprire e cuocere la frittata per 3-4 ore.

3. Tagliare in sei spicchi, guarnire con senape e servire.

Frittata con funghi e peperoncino

(Pronto in circa 4 ore | 4 porzioni)

ingredienti

- Olio spray antiaderente
- 1 cipolla verde, affettata
- 2 spicchi d'aglio, tritati finemente
- 2 tazze di funghi, affettati
- 1 peperoncino, tritato finemente
- 2 pomodori maturi, affettati
- 8 uova sbattute
- 1 cucchiaio di coriandolo fresco
- 1 cucchiaino di sale
- 1/4 cucchiaino di pepe nero macinato
- 1/4 cucchiaino di pepe di cayenna

Indirizzi

1. Metti tutti gli ingredienti nella pentola di coccio.

due. Coprire con un coperchio; cuocere a fuoco lento per 3 o 4 ore.

3. Tagliare a cubetti e servire caldo con panna acida e salsa di pomodoro.

Farina d'avena con banane e noci pecan

(Pronto in circa 8 ore | 4 porzioni)

ingredienti

- 2 tazze d'acqua
- 2 banane mature
- 1 tazza di avena tagliata in acciaio
- 1/4 tazza di noci, tritate grossolanamente
- 2 tazze di latte di soia
- 1/2 cucchiaino di cannella
- 1 cucchiaino di estratto puro di mandorla
- un pizzico di sale
- miele, da assaggiare

Indirizzi

1.Versare l'acqua nella pentola di coccio. Prendi una ciotola adatta al forno (qui va bene una casseruola di vetro) e mettila nella pentola di coccio.

due.Schiaccia le banane con una forchetta o passale nel frullatore. Trasferire in un contenitore adatto al forno.

3.Aggiungi gli ingredienti rimanenti nella ciotola.

Quattro.Cuocere a fuoco lento durante la notte o per 8 ore.

5.Mescolare bene prima di servire e aggiungere i condimenti a scelta. Godere!

Farina d'avena soddisfacente con noci

(Pronto in circa 8 ore | 4 porzioni)

ingredienti

- 1 banana matura grande
- 1 tazza di avena tagliata in acciaio
- 1/4 tazza di noci, tritate grossolanamente
- 2 cucchiai di semi di chia
- 1 cucchiaio di semi di canapa
- 2 tazze di latte
- 1/4 cucchiaino di noce moscata grattugiata
- 1/2 cucchiaino di cardamomo
- 1/2 cucchiaino di cannella
- 1 cucchiaino di estratto puro di vaniglia
- 2 tazze d'acqua
- Sciroppo d'acero per decorare
- frutta fresca per decorare

Indirizzi

1.Schiaccia la banana con una forchetta. Metti la purea di banana in una pirofila da forno. Aggiungi gli ingredienti rimanenti.

due.Versare l'acqua in una pentola di terracotta.

3.Metti la teglia nella pentola di coccio. Cuocere a fuoco lento durante la notte o per 8 ore. Completare con sciroppo d'acero e frutta fresca.

Frittata con pomodoro e carciofi

(Pronto in circa 2 ore | 4 porzioni)

ingredienti

- Olio spray antiaderente
- 6 uova grandi, sbattute
- 1 tazza di cuori di carciofo tritati
- 1 pomodoro medio, tritato
- 1 peperone rosso, tritato
- 1 cucchiaino di cipolla in polvere
- 1 cucchiaino di aglio in polvere
- 1/4 cucchiaino di pepe nero macinato
- 1/4 cucchiaino di pepe di cayenna
- 1/4 tazza di formaggio svizzero grattugiato

Indirizzi

1. Rivestire una pentola di coccio con spray da cucina.

due. Aggiungi tutti gli ingredienti nella pentola di coccio.

3. Coprite con un coperchio e fate cuocere a fuoco basso per circa 2 ore.

Quattro. Cospargere di formaggio; lasciare agire qualche minuto finché il formaggio non si scioglie.

Frittata di funghi e salsiccia in casseruola

(Pronto in circa 3 ore | 4 porzioni)

ingredienti

- Salsiccia di petto di pollo da 1 libbra, affettata
- 1 tazza di erba cipollina tritata
- 1 tazza di funghi, affettati
- 4 uova medie
- 1 tazza di latte intero
- 1 cucchiaino di sale marino
- 1/4 cucchiaino di pepe nero macinato
- 1/2 cucchiaino di senape secca
- 1/2 cucchiaino di aglio granulato
- 1/2 tazza di formaggio svizzero grattugiato

Indirizzi

1. Metti la salsiccia in una pentola. Quindi adagiare gli scalogni e i funghi sopra le salsicce.

due. Mescolare in una ciotola le uova, il latte e le spezie. Sbattere per combinare.

3. Cuocere a fuoco basso per circa 3 ore. Poi spalmate sopra il formaggio e lasciatelo sciogliere.

Quattro. Servire caldo con maionese e senape.

Avena tagliata in acciaio con torta di zucca

(Pronto in circa 8 ore | 4 porzioni)

ingredienti

- 1 tazza di avena tagliata in acciaio
- 3 tazze d'acqua
- 1/4 cucchiaino di cannella in polvere
- 1 tazza di purea di zucca
- 1 cucchiaino di estratto di vaniglia
- un pizzico di sale
- 1 cucchiaio di spezie per torta di zucca
- 1/2 tazza di sciroppo d'acero

Indirizzi

1. Unisci tutti gli ingredienti nella pentola di coccio.

due. Coprire e cuocere a fuoco lento durante la notte o per 8 ore.

3. Servire caldo con uvetta o datteri, se lo si desidera!

Avena tagliata in acciaio al cacao

(Pronto in circa 8 ore | 4 porzioni)

ingredienti

- 3 tazze e ½ di acqua
- 1 tazza di avena tagliata in acciaio
- 1/4 cucchiaino di noce moscata grattugiata
- 1/2 cucchiaino di cannella in polvere
- 3 cucchiai di cacao in polvere non zuccherato
- un pizzico di sale
- 1/2 cucchiaino di estratto puro di vaniglia
- 1/2 cucchiaino di estratto puro di nocciola

Indirizzi

1. Aggiungi tutti gli ingredienti alla tua pentola di coccio.

due. Cuocere a fuoco lento durante la notte o per 8 ore.

3. Mescolare prima di servire e aggiungere dolcificante naturale se lo si desidera.

Farina d'avena di zucca e noci con mirtilli

(Pronto in circa 9 ore | 4 porzioni)

ingredienti

- 1 tazza di avena tagliata in acciaio
- 3 tazze d'acqua
- 1 tazza di latte intero
- un pizzico di sale
- 1 cucchiaio di spezie per torta di zucca
- 1/2 cucchiaino di cardamomo
- 1/4 tazza di purea di zucca
- 2 cucchiai di miele
- 1/2 tazza di mirtilli rossi secchi
- 1/2 tazza di mandorle tritate grossolanamente

Indirizzi

1. In una pentola mettere l'avena tritata, l'acqua, il latte, il sale, le spezie per la torta di zucca, la purea di cardamomo e il miele.

due. Cuocere durante la notte o dalle 8 alle 9 ore.

3. Dividi tra le ciotole da portata; cospargere con mirtilli rossi secchi e mandorle; partecipare.

Farina d'avena con cacao e banane

(Pronto in circa 8 ore | 4 porzioni)

ingredienti

- 3 tazze d'acqua
- 1 tazza di latte
- 1 tazza di avena tagliata in acciaio
- 1/2 cucchiaino di cannella in polvere
- 1 banana, schiacciata
- 4 cucchiai di cacao in polvere non zuccherato
- 1/2 cucchiaino di estratto puro di vaniglia
- 1 banana a fette
- noci tritate per la decorazione

Indirizzi

1. Versare l'acqua e il latte in una pentola di terracotta. Aggiungere poi l'avena tagliata in acciaio, la cannella, la banana schiacciata, il cacao in polvere e la vaniglia.

due. Metti la pentola di coccio a fuoco basso e cuoci durante la notte o per 8 ore.

3. Mescolare prima di servire; dividere tra le ciotole da portata; guarnire con banana e noci e buon appetito.

Quiche prosciutto e formaggio

(Pronto in circa 2 ore | 4 porzioni)

ingredienti

- Spray da cucina antiaderente al gusto di burro
- 4 fette di pane integrale tostato
- 2 tazze di formaggio stagionato grattugiato
- ½ libbra di prosciutto, cotto e tagliato a cubetti
- 6 uova grandi
- 1/2 cucchiaino di senape di Digione
- 1 tazza di panna
- 1/4 cucchiaino di curcuma in polvere
- 1 cucchiaio di prezzemolo fresco tritato grossolanamente
- 1/2 cucchiaino di sale marino
- 1/4 cucchiaino di peperoncino rosso tritato
- 1/4 cucchiaino di pepe nero appena macinato

Indirizzi

1. Rivestire generosamente l'interno di una padella con spray antiaderente.

due. Rivestire ogni fetta di pane tostato con spray da cucina antiaderente; spezzare a pezzetti il pane imburrato; mettere in una pentola di coccio.

3. Spalmate metà del formaggio stagionato sul pane tostato, quindi adagiate sopra il formaggio i pezzetti di prosciutto cotto; coprire con il formaggio rimanente.

Quattro. In una ciotola media o in un misurino, sbatti l'uovo con gli ingredienti rimanenti; versare questo composto nella pentola di coccio.

5. Coprire e cuocere a fuoco vivace per 2 ore. Servire caldo con maionese o panna acida se lo si desidera.

Colazione rurale con salsiccia e cavolfiore

(Pronto in circa 6 ore | 8 porzioni)

ingredienti

- Salsiccia da 1 libbra
- spray antiaderente
- 1 tazza di crema di patate condensata
- 1 tazza di latte intero
- 1 cucchiaino di senape secca
- Sale a piacere
- 1/2 cucchiaino di pepe nero appena macinato
- 1 cucchiaio di basilico fresco o 1 cucchiaino di basilico essiccato
- 1 confezione (28 grammi) di hash browns congelati, scongelati
- 1 tazza di cavolfiore, tagliato a cimette
- 1 tazza di carote a fette
- ½ tazza di formaggio cheddar grattugiato

Indirizzi

1. Nella pentola di ghisa, rosolare la salsiccia; tagliato a pezzetti.

due. Rivestire l'interno della pentola di coccio con spray antiaderente. Aggiungi tutti gli ingredienti tranne il formaggio cheddar; mescolare delicatamente per unire.

3. Coprite con un coperchio e lasciate cuocere per circa 6 ore a fuoco basso. Cospargere il formaggio cheddar sopra. Lasciare agire per 30 minuti prima di servire.

Casseruola Di Salsiccia Di Broccoli

(Pronto in circa 6 ore | 6 porzioni)

ingredienti

- 2 cucchiai di olio d'oliva
- Salsiccia da 3/4 libbre
- 1 tazza di brodo di manzo
- 1 tazza di latte
- 1 cucchiaino di senape secca
- 1/4 cucchiaino di pepe di cayenna
- 1/2 cucchiaino di pepe nero
- 2 libbre di patate fritte congelate, scongelate
- 1 tazza di broccoli, divisi in cimette
- 1 tazza di carote a fette
- ½ tazza di formaggio cheddar grattugiato

Indirizzi

1. Rivestire l'interno della pentola di coccio con olio d'oliva.

due. In una casseruola media, a fuoco medio-alto, cuocere le salsicce fino a quando non saranno più rosa o circa 10 minuti. Trasferire la salsiccia nella padella unta.

3. Aggiungere brodo, latte, senape, pepe di cayenna, pepe nero, patate fritte, broccoli e carota. Cuocere a fuoco basso per 6 ore.

Quattro. Ricoprire quindi con il formaggio grattugiato e lasciarlo sciogliere.

5. Servire caldo con la vostra maionese preferita e un po' di senape extra.

Salsiccia e verdure mattutine invernali

(Pronto in circa 6 ore | 6 porzioni)

ingredienti

- spray antiaderente
- Salsiccia molto piccante da 3/4 libbre
- 1 cipolla grande
- 1 peperone verde dolce
- 1 peperone rosso dolce, tritato
- 1 tazza di latte intero
- 1 tazza di brodo vegetale o di manzo
- 1/2 cucchiaino di peperoncino in polvere
- 1/2 cucchiaino di pepe nero
- sale marino qb
- 2 libbre di patate fritte congelate, scongelate
- ½ tazza di formaggio cheddar grattugiato

Indirizzi

1. Rivesti l'interno della pentola di terracotta con uno spray antiaderente.

due. Cuocere la salsiccia in una padella media per circa 10 minuti fino a doratura. Sostituisci la pentola di coccio.

3. Aggiungere il resto degli ingredienti tranne il formaggio cheddar.

Quattro. Mettete la pentola sul fuoco basso e fate cuocere per circa 6 ore.

5. Cospargere il formaggio cheddar sopra. Servire caldo!

Uova alla fiorentina con funghi cardoncelli

(Pronto in circa 2 ore | 4 porzioni)

ingredienti

- spray antiaderente
- 2 tazze di formaggio Monterey Jack, grattugiato
- 1 tazza di bietole
- 1 tazza di funghi ostrica, affettati
- 2-3 spicchi d'aglio, tritati finemente
- 1 cipolla piccola, sbucciata e tagliata a dadini
- 5 uova grandi
- 1 tazza di crema leggera
- Sale a piacere
- 1/4 cucchiaino di pepe nero macinato

Indirizzi

1. Tratta l'interno della pentola di terracotta con uno spray antiaderente. Distribuire 1 tazza di formaggio Monterey Jack sul fondo della pentola di coccio.

due. Quindi adagiate gli spinaci sopra il formaggio.

3. Quindi posizionare i funghi ostrica in uno strato. Coprire lo strato di funghi con aglio e cipolla.

Quattro. In un misurino o in una ciotola, sbatti le uova con il resto degli ingredienti. Versare questo composto sugli strati nella pentola di coccio.

5. Completare con 1 tazza di formaggio rimanente.

6. Mettete la pentola di coccio sul fuoco vivace, coprite con un coperchio e fate cuocere per 2 ore.

Casseruola di bietole e formaggio

(Pronto in circa 4 ore | 4 porzioni)

ingredienti

- Spray da cucina antiaderente al gusto di burro
- 4 uova grandi
- 1 tazza di ricotta
- 3 cucchiai di farina 00
- 1 cucchiaio di coriandolo fresco
- 1/2 cucchiaino di sale marino
- 1/4 cucchiaino di pepe nero appena macinato
- 1/2 cucchiaino di timo secco
- 1/2 cucchiaino di bicarbonato di sodio
- 2 cucchiai di burro fuso
- 1 tazza di formaggio caldo grattugiato
- 1 tazza di erba cipollina, tritata finemente
- 1 tazza di bietole

Indirizzi

1. Coprire una casseruola resistente al calore con spray da cucina. Versare 2 tazze d'acqua nella pentola di coccio.

due. Aggiungere le uova e sbattere fino a ottenere un composto schiumoso. Quindi aggiungere la ricotta.

3. Aggiungere farina, coriandolo, sale marino, pepe nero, timo, bicarbonato di sodio e burro. Mescolare bene fino a quando tutto sarà ben incorporato.

Quattro. Quindi aggiungere gli ingredienti rimanenti; regolare il condimento.

5. Metti una casseruola resistente al calore sulla griglia nella pentola di coccio; coprite con un coperchio adatto e lasciate cuocere a fuoco lento per circa 4 ore.

6. Lasciare raffreddare a temperatura ambiente prima di servire e buon appetito!

Frittata di banane e noci

(Pronto in circa 18 ore | 6 porzioni)

ingredienti

- 1 cucchiaio di olio di colza
- 1 pagnotta di pane, tagliata a cubetti
- 1 tazza di crema di formaggio
- 2 banane mature
- 1 tazza di mandorle tritate grossolanamente
- 10 uova grandi
- 1/4 tazza di sciroppo d'acero
- 1 tazza metà e metà
- un pizzico di sale

Indirizzi

1. Ungere l'interno della pentola con olio di colza.

due. Metti 1/2 dei cubetti di pane sul fondo della pentola. Quindi distribuire uniformemente metà della crema di formaggio.

3. Metti le fette di 1 banana sopra la crema di formaggio. Distribuire poi metà delle mandorle tritate.

Quattro. Ripeti gli strati ancora una volta.

5. In una ciotola o misurino, sbatti le uova con lo sciroppo d'acero, metà e metà, e il sale; versare sopra gli strati in una pentola di coccio.

6. Lasciare in frigo per almeno 12 ore. Successivamente coprire e cuocere a fuoco lento per 6 ore. Servire con qualche platano extra se lo si desidera.

Deliziosa frittata speziata di zucca

(Pronto in circa 6 ore | 6 porzioni)

ingredienti

- 2 cucchiai di olio di cocco fuso
- 1 pagnotta di pane, tagliata a cubetti
- 1 tazza di crema di formaggio
- 1 tazza di zucca grattugiata
- 2 fette di banane
- 1 tazza di noci, tritate grossolanamente
- 8 uova
- 1 tazza metà e metà
- 2 cucchiai di miele grezzo
- 1/2 cucchiaino di cannella in polvere
- 1/4 cucchiaino di cardamomo grattugiato
- 1/2 cucchiaino di pimento
- 1 cucchiaino di spezie di zucca

•Zucchero a velo per la decorazione

Indirizzi

1. Rivesti l'interno di una pentola con olio di cocco.

due. Metti 1/2 del pane nella pentola di coccio. Quindi aggiungere metà della crema di formaggio.

3. Quindi distribuire uniformemente 1/2 zucca grattugiata. Metti le fette di 1 banana sopra la zucca. Distribuire metà delle noci tritate sulle banane.

Quattro. Ripeti gli strati ancora una volta.

5. In una ciotola media, sbatti le uova con gli ingredienti rimanenti tranne lo zucchero a velo. Versa questo composto sugli strati nella pentola di coccio.

6. Cuocere coperto per 6 ore a fuoco basso. Spolverizzate la frittata con lo zucchero a velo e servite!

Porridge speziato per mattine impegnative

(Pronto in circa 8 ore | 8 porzioni)

ingredienti

- 2 tazze di avena tagliata in acciaio
- 6 tazze d'acqua
- 2 tazze di latte
- 1 cucchiaio di succo d'arancia puro
- 1 tazza di albicocche secche, tritate
- 1 tazza di datteri tritati
- 1 tazza di uvetta, tritata
- 1/2 cucchiaino di zenzero
- 1 cucchiaino di cannella in polvere
- 1/8 cucchiaino di chiodi di garofano
- 1/4 tazza di sciroppo d'acero
- 1/2 baccello di vaniglia

Indirizzi

1. Mescolare tutti gli ingredienti in una pentola.

due. Metti la pentola sul fuoco basso e lasciala tutta la notte.

3. Al mattino, mescolare il porridge preparato, raschiando i lati e il fondo. Servire con marmellata o uova strapazzate, se lo si desidera.

Il porridge invernale della famiglia

(Pronto in circa 9 ore | 8 porzioni)

ingredienti

- 7 tazze d'acqua
- 2 tazze di avena irlandese tagliata in acciaio
- 1 cucchiaino di scorza di limone
- 1 tazza di uvetta
- 1 tazza di mirtilli rossi secchi
- 1 tazza di ciliegie secche
- 1 cucchiaio di cocco grattugiato
- 1/2 cucchiaino di zenzero
- 1 cucchiaino di pimento
- 1/8 cucchiaino di noce moscata grattugiata
- 1/4 tazza di miele
- 1/2 baccello di vaniglia

Indirizzi

1. Metti tutti gli ingredienti in una pentola di coccio; Metti la pentola di coccio a fuoco basso.

due. Cuocere durante la notte o dalle 8 alle 9 ore.

3. Al mattino mescolate il porridge e dividetelo in otto ciotole. Servire con un ciuffo di panna montata e noci pecan tostate, se lo si desidera.

Fantastica farina d'avena con mele e prugne

(Pronto in circa 7 ore | 8 porzioni)

ingredienti

- 2 tazze di avena tagliata in acciaio
- 1 tazza di succo di mela
- 5 tazze d'acqua
- 1/2 tazza di mele essiccate
- 1/4 tazza di mirtilli rossi secchi
- 1/4 tazza di prugne
- 1/4 tazza di sciroppo d'acero
- 1 cucchiaino di pimento
- un pizzico di sale

Indirizzi

1. Aggiungi tutti gli ingredienti in una pentola.

due. Metti una pentola di coccio a fuoco basso; cuocere la farina d'avena per circa 7 ore.

3. Servire caldo condito con panna se lo si desidera.

Avena notturna tropicale

(Pronto in circa 8 ore | 8 porzioni)

ingredienti

- 2 tazze di avena irlandese tagliata in acciaio
- 4 tazze d'acqua
- 1 tazza di succo di mela
- 1 cucchiaio di succo d'arancia fresco
- ½ tazza di papaia essiccata
- 1/2 tazza di ananas secco
- 1/4 tazza di mango essiccato
- 1/4 tazza di sciroppo d'acero
- 2 cucchiai di scaglie di cocco
- un pizzico di sale

Indirizzi

1. Unisci tutti gli ingredienti nella pentola di coccio.

due. Coprire con un coperchio adatto; lasciare riposare la farina d'avena durante la notte o dalle 7 alle 8 ore.

3. Servire con latte o un ciuffo di panna montata. Godere!

Muffin inglesi con contorno di pomodoro

(Pronto in circa 2 ore | Per 12 persone)

ingredienti

- 2 cucchiai di olio vegetale
- 2 grandi cipolle rosse, tritate
- 1 lattina (28 grammi) di pomodori tritati
- 1 cucchiaio di salsa Worchestershire
- 1 cucchiaino di scorza di limone
- 1 cucchiaio di coriandolo fresco
- 1 cucchiaio di basilico fresco tritato
- 1 cucchiaino di sale marino
- 1/4 cucchiaino di pepe nero macinato
- 1 tazza di mozzarella
- 12 muffin inglesi

Indirizzi

1. Scaldare l'olio vegetale a fuoco medio-alto in una casseruola di medie dimensioni. Ridurre il fuoco e quindi aggiungere la cipolla. Soffriggere la cipolla rossa fino a renderla morbida e traslucida.

due. Trasferire in una pentola di coccio. Aggiungere i pomodori e la salsa Worcestershire. Cuocere, coperto, per 1 ora o fino a quando il composto inizia a bollire attorno ai bordi.

3. Aggiungere gli ingredienti rimanenti, tranne i muffin inglesi, e cuocere per un'altra ora. Servire caldo con muffin inglesi tostati.

Grana cremosa del sud

(Pronto in circa 8 ore | Per 12 persone)

ingredienti

- 1 tazza e ½ di sabbia di pietra
- 1 cucchiaio di burro
- 1/4 cucchiaino di curcuma in polvere
- 4 tazze di brodo vegetale
- 1/2 cucchiaino di pepe nero macinato
- 1/2 cucchiaino di sale marino fino
- 1/2 tazza di formaggio peperoncino, grattugiato

Indirizzi

1. Unisci tutti gli ingredienti tranne il formaggio in una pentola di coccio.

due. Cuocere a fuoco lento per 8 ore o durante la notte.

3. Aggiungi il formaggio alla grana preparata e divertiti. Se preferite potete servire con uova e bacon.

Granella della nonna con parmigiano

(Pronto in circa 9 ore | 8 porzioni)

ingredienti

- 2 tazze di grana di pietra
- 1 cucchiaio di burro
- 1 cucchiaino di sale
- 1/2 cucchiaino di pepe nero
- 1/2 cucchiaino di pepe bianco
- 1/4 tazza di panna
- 1/2 tazza di parmigiano grattugiato fresco

Indirizzi

1. Aggiungi tutti gli ingredienti tranne la panna e il parmigiano nella pentola di coccio.

due. Cuocere a fuoco basso per 8-9 ore.

3. Al mattino aggiungere la panna e il parmigiano; Servi con i tuoi condimenti preferiti e buon appetito!

Super casseruola di verdure e pancetta

(Pronto in circa 2 ore | 6 porzioni)

ingredienti

- 1 tazza di formaggio peperoncino magro, grattugiato
- 1 tazza di verdure verdi (come spinaci, cavoli, bietole)
- 1/2 tazza di pancetta, affettata
- 3 fette di pane a dadini
- 1 tazza di funghi, affettati
- 6 uova
- 1/4 cucchiaino di pepe nero
- 1/4 cucchiaino di pepe di cayenna
- 1/2 cucchiaino di sale kosher
- 1 tazza di latte evaporato
- 1 tazza di brodo vegetale
- 1 cipolla media

Indirizzi

1. Distribuire metà del formaggio sul fondo della pentola di coccio. Ricoprire con uno strato di verdure a foglia verde. Aggiungere poi metà della pancetta.

due. Aggiungete i cubetti di pane e poi aggiungete i funghi.

3. Aggiungere la pancetta rimanente e completare con il formaggio rimasto.

Quattro. Unisci il resto degli ingredienti in un misurino o in una ciotola. Versare questo composto nella pentola di coccio.

5. Cuocere per 2 ore a fuoco alto. Dividi tra sei piatti da portata e divertiti!

deliziose bacche di grano

(Pronto in circa 10 ore | 6 porzioni)

ingredienti

- 1 tazza e ½ di bacche di grano
- 4 tazze d'acqua
- 1/2 tazza di mirtilli rossi secchi
- 1/2 baccello di vaniglia
- Zucchero di canna per decorare

Indirizzi

1. Mettete in un pentolino le bacche di grano, l'acqua, i mirtilli rossi secchi e il baccello di vaniglia.

due. Mescolare per unire e cuocere per 8-10 ore.

3. Mescolare prima di servire, cospargere di zucchero e buon appetito!

Cereali da colazione multicereali

(Pronto in circa 8 ore | 6 porzioni)

ingredienti

- 1/2 tazza di riso a grani lunghi
- 1/2 tazza di bacche di grano
- 1 tazza di fiocchi d'avena
- 1/2 cucchiaino di sale kosher
- 4 tazze d'acqua
- Burro per decorare

Indirizzi

1. Mettete il riso, i chicchi di grano, i fiocchi d'avena, il sale e l'acqua in una pentola di terracotta.

due. Cuocere coperto per circa 8 ore.

3. Mescolare prima di servire, aggiungere il burro e buon appetito!

Miscela di cereali con frutta e burro di arachidi

(Pronto in circa 8 ore | 6 porzioni)

ingredienti

- 1/2 tazza di bacche di grano
- 1 tazza di farina d'avena in stile irlandese
- 1/2 tazza di riso basmati
- 1/4 tazza di zucchero di canna
- 1/4 cucchiaino di cannella in polvere
- 4 tazze d'acqua
- 1 tazza di noci a scelta
- Burro di arachidi per decorare

Indirizzi

1.Mettete nella pentola di coccio i chicchi di grano, i fiocchi d'avena, il riso basmati, lo zucchero, la cannella e l'acqua; mescolare per unire.

due.Cuocere per circa 8 ore.

3.Dividere tra sei ciotole da portata; guarnire con noci e burro di arachidi e servire.

quiche di spinaci con formaggio

(Pronto in circa 3 ore | 6 porzioni)

ingredienti

- Olio spray antiaderente
- 4 uova
- 1/2 tazza di formaggio caldo, grattugiato
- 3/4 tazza di spinaci novelli
- 2-3 spicchi d'aglio, tritati finemente
- 1/4 tazza di cipolla verde tritata
- 1/2 cucchiaino di sale marino
- 1/2 cucchiaino di pepe nero
- 1/2 cucchiaino di pepe di cayenna
- 1 tazza e ½ di latte evaporato
- 2 fette di pane integrale, tagliate a dadini

Indirizzi

1. Rivesti leggermente la pentola di coccio con spray da cucina.

due. In una ciotola media, unire uova, formaggio, spinaci, aglio, cipolla, sale, pepe nero, pepe di cayenna e latte evaporato. Mescolare fino a quando tutto sarà ben incorporato.

3. Metti i cubetti di pane sul fondo della pentola. Versare il composto di uova e formaggio sui cubetti di pane.

Quattro. Coprire con un coperchio; cuocere per circa 3 ore a fuoco vivace. Servire caldo.

Crema di broccoli e cavolfiori

(Pronto in circa 4 ore | 6 porzioni)

ingredienti

- 1 tazza d'acqua
- 2 tazze di brodo di pollo a ridotto contenuto di sodio
- 1 libbra di cavolfiore, tagliato a cimette
- 1 libbra di broccoli, divisi in cimette
- 1 cipolla gialla tritata finemente
- 3 spicchi d'aglio, tritati finemente
- 1 mazzetto di basilico fresco
- 1 mazzetto di prezzemolo fresco
- ½ tazza di latte magro al 2%.
- Sale a piacere
- 1/4 cucchiaino di pepe bianco
- 1/4 cucchiaino di pepe nero
- crostini facoltativi

Indirizzi

1. Mettete nella pentola l'acqua, il brodo, il cavolfiore, i broccoli, la cipolla, l'aglio, il basilico e il prezzemolo.

due. Cuocere a fuoco vivace per 3-4 ore.

3. Trasferire la zuppa nel robot da cucina; aggiungere il latte e le spezie e mescolare fino a ottenere un composto omogeneo. Assaggiare e regolare il condimento; servire con crostini di pane.

Zuppa di famiglia di broccoli e spinaci

(Pronto in circa 4 ore | 6 porzioni)

ingredienti

- 2 tazze d'acqua
- 2 tazze di brodo vegetale a ridotto contenuto di sodio
- 1 libbra di broccoli, divisi in cimette
- 1 tazza di cipolla verde tritata
- 3 spicchi d'aglio, tritati finemente
- 1 mazzetto di coriandolo fresco
- 1 mazzetto di prezzemolo fresco
- 2 tazze di spinaci
- Sale a piacere
- 1/4 cucchiaino di pepe nero

Indirizzi

1.Unisci in una pentola l'acqua, il brodo vegetale, i broccoli, il cipollotto, l'aglio, il coriandolo e il prezzemolo.

due.Cuocere a fuoco vivace per 3 ore. Aggiungere gli spinaci e le spezie e cuocere per altri 20 minuti.

3.Versare la zuppa nel robot da cucina; processo fino a che liscio.

Quattro.Servire freddo o a temperatura ambiente. Decorare con un ciuffo di panna acida e buon appetito!

Deliziosa crema di asparagi

(Pronto in circa 4 ore | 6 porzioni)

ingredienti

- 2 tazze di brodo vegetale
- 1 tazza d'acqua
- 2 libbre di asparagi, conservando le punte per guarnire
- 1 cipolla tritata finemente
- 1 cucchiaino di scorza di limone
- 2 spicchi d'aglio, tritati finemente
- 1 cucchiaino di maggiorana secca
- 1 mazzetto di prezzemolo fresco
- 1/2 tazza di latte intero
- 1/4 cucchiaino di pepe bianco
- Sale a piacere

Indirizzi

1. Mettete in una pentola il brodo, l'acqua, gli asparagi, la cipolla, la scorza di limone, l'aglio, la maggiorana e il prezzemolo.

due. Cuocere a fuoco vivace per 3-4 ore.

3. Nel frattempo cuocere a vapore le punte degli asparagi finché saranno tenere.

Quattro. Versare la zuppa nel robot da cucina; aggiungere il latte, il sale e il pepe bianco e mescolare fino ad ottenere un composto omogeneo.

5. Guarnire con punte di asparagi cotti al vapore e servire a temperatura ambiente. Potete anche mettere la zuppa in frigo e decorarla fredda.

Zuppa cremosa di patate e cavolfiore

(Pronto in circa 4 ore | 6 porzioni)

ingredienti

- 3 tazze di brodo
- 1 tazza di carota tritata
- 3 tazze e ½ di patate, a dadini
- 3 tazze di cavolfiore tritato
- 4 porri piccoli, solo la parte bianca, tritati
- 1 tazza di latte
- 2 cucchiai di amido di mais
- 1 cucchiaino di basilico essiccato
- Sale a piacere
- pepe nero a piacere

Indirizzi

1. Unisci i primi cinque ingredienti in una pentola di coccio; Metti la pentola di coccio su fuoco alto e cuoci per 3 o 4 ore.

due. Aggiungi gli ingredienti rimanenti e cuoci altri 2 o 3 minuti o fino a quando non si sarà addensato.

3. Trasforma la zuppa in un robot da cucina o in un frullatore fino alla consistenza desiderata.

Quattro. Aggiustare il condimento e servire con panna acida.

crema di rape

(Pronto in circa 4 ore | 6 porzioni)

ingredienti

- 3½ brodo vegetale
- 1 tazza e ½ di rape tritate
- 2 carote medie, tritate
- 1 patata grande, sbucciata e tagliata a cubetti
- 1/2 tazza di cipolla tritata
- 2 spicchi d'aglio, tritati finemente
- 1 cucchiaio di salsa tamari
- 1/2 tazza di latte intero
- 1/4 cucchiaino di pepe bianco macinato
- 1 cucchiaino di timo secco
- Sale a piacere
- pepe nero macinato a piacere
- 3/4 tazza di formaggio svizzero magro, grattugiato
- Cubetti di pane tostato, come guarnizione

Indirizzi

1. Versare il brodo vegetale in una pentola. Aggiungere rape, carote, patate, cipolle e aglio. Metti la pentola di terracotta a fuoco alto; cuocere per circa 4 ore.

due. Versare la zuppa in un robot da cucina e lavorarla fino alla consistenza desiderata.

3. Ritorna alla pentola di coccio; aggiungere la salsa tamari, il latte, il pepe bianco, il timo, il sale e il pepe nero. Cuocere per altri 5 minuti.

Quattro. Completare con formaggio svizzero. Decorare con cubetti di pane tostato e servire.

Zuppa d'aglio profumata con pane

(Pronto in circa 4 ore | 4 porzioni)

ingredienti

- 8 spicchi d'aglio tritati finemente
- Brodo vegetale 1 litro
- 1/2 cucchiaino di foglie di origano essiccate
- 1/2 cucchiaino di semi di sedano
- Sale a piacere
- pepe nero a piacere
- 2 cucchiai di olio d'oliva
- 4 fette di pane
- Erba cipollina tritata, come guarnizione

Indirizzi

1.Unisci l'aglio, il brodo vegetale, le foglie di origano essiccate e i semi di sedano in una pentola di coccio; coprire e cuocere a fuoco vivace per 4 ore.

due.Condire a piacere con sale e pepe nero.

3.Scaldare l'olio d'oliva a fuoco medio in una padella pesante. Friggere le fette di pane, 2 o 3 minuti su ciascun lato, fino a doratura.

Quattro.Disporre le fette di pane in ciotole di zuppa; Versarvi sopra la zuppa d'aglio e cospargere con l'erba cipollina tritata. Godere!

Zuppa di patate all'avocado

(Pronto in circa 5 ore | 4 porzioni)

ingredienti

- 1 tazza e ½ di brodo di pollo
- 3 tazze di patate, sbucciate e tagliate a cubetti
- 1 tazza di chicchi di mais
- 1 tazza di petto di tacchino affumicato a dadini
- 1 cucchiaino di foglie di timo essiccate
- Succo di 1 lime fresco
- 1 tazza di avocado, tagliato a dadini
- 1 cucchiaino di sale marino
- 1/2 pepe nero macinato

Indirizzi

1. Unisci in una pentola il brodo di pollo, le patate, i chicchi di mais, il petto di tacchino e il timo.

due. Coprire e cuocere a fuoco vivace per 4-5 ore.

3. Aggiungere lime, avocado, sale e pepe nero. Partecipare.

Zuppa di verdure con salsiccia e formaggio

(Pronto in circa 5 ore | 6 porzioni)

ingredienti

- 1 tazza di salsiccia affumicata, affettata
- 2 tazze di brodo di manzo a basso contenuto di sodio
- 2 tazze e ½ di mais tipo panna
- 1 cipolla tritata
- 1 tazza e ½ di pomodorini, tagliati a dadini
- 1 peperone rosso dolce, tritato
- 2 tazze di latte intero
- 2 cucchiai di amido di mais
- ¾ tazza di formaggio svizzero
- Sale a piacere
- 1/4 cucchiaino di pepe nero
- 1/4 cucchiaino di pepe di cayenna

Indirizzi

1. Unisci i primi sei ingredienti nella tua pentola di coccio; coprire con coperchio.

due. Cuocere a fuoco vivace per circa 5 ore.

3. Aggiungere il latte e l'amido di mais mescolando per ca. 3 minuti.

Quattro. Aggiungi il formaggio svizzero; condire con sale, pepe nero e pepe di cayenna; partecipare.

www.ingramcontent.com/pod-product-compliance
Lightning Source LLC
Chambersburg PA
CBHW071836110526
44591CB00011B/1335